Tanja Mairhofer • Inka Vigh

Dein Super-Buch

Entdecke, was in dir steckt

KARIBU

Für Romy und Valentin

TANJA MAIRHOFER
INKA VIGH

DEIN SUPER BUCH

ENTDECKE, WAS IN DIR STECKT!

KARIBU

INHALT

HUHUU!

Du kommst genau richtig, jetzt kann ich's dir ja sagen:

DU BiST SUPER!

Warum ich dieser Meinung bin? Weil ich's dir zeigen kann! Wie eine Detektivin habe ich dafür viele Beweise gesammelt, die du in diesem Buch finden wirst. Wenn du das mit dem Super-Sein bisher selbst noch nicht so richtig glauben wolltest, kein Ding. Wir kriegen das gemeinsam hin. Ging mir nämlich ähnlich, ich wollte früher auch nicht so recht glauben, dass ich super bin. Die Welt kann uns ganz schön verunsichern, indem sie einem ständig sagt, wie man zu sein hat und was man nicht alles falsch macht. Klaro sind wir alle mal unausstehlich, können rummotzen und anstrengend sein. Solche Seiten hat jeder von uns. Uns aber darauf zu reduzieren, ist gemein - und so gemein sollten wir zu uns selbst erst recht nicht sein. Wenn wir unseren Blick auf das Gute in uns und in der Welt um uns schärfen, dann sieht man es auch viel besser. Babyleichte Rechnung, oder?

Mensch, wo sind denn meine Manieren geblieben? Ich habe mich noch gar nicht vorgestellt! Ich bin die Tanja, eine Freundin, die ein paar coole Tricks auf Lager hat. Über viele Jahre habe ich diese Tricks gesammelt, die mir geholfen haben, mich besser zu fühlen. Dafür habe ich Sachen ausprobiert, die manchmal ein dusseliger Quatsch waren, ordentlich viele Fehler gemacht, aus denen ich lernen konnte, aber auch großartige

Dinge entdeckt, die mich weitergebracht haben und die in diesem Buch darauf warten, von dir ausprobiert zu werden.

Was ich unter anderem gelernt habe: Wir Menschen wollen eigentlich alle nur geliebt werden. Manchmal hat man aber das Gefühl, dass man sich dafür tierisch verbiegen muss. Je mehr wir versuchen, uns zu verbiegen, umso mehr geht von unserer Einzigartigkeit verloren. Und das ist richtig schade. Damit das nicht länger passiert, lass uns gemeinsam genau JETZT mit der Verbiegerei aufhören. Okay? Das Buch wird dir dabei helfen.

Das größte Geschenk, das du anderen geben kannst, ist das: so zu sein, wie du bist, und dich lieb zu haben. Warum? Wenn wir uns selbst lieb haben, so wie wir sind, dann fällt es uns auch leichter, andere zu mögen, so wie sie sind, und damit wird die Welt ein bisschen schöner. Gut, gell?!

In diesem Buch erwarten dich außerdem lustige Challenges, in denen es darum geht, deinen inneren Schatz zu entdecken. Du wirst Augen machen, wie riesig der ist und wie toll der funkelt! Für die Challenges wäre es super, wenn du ein leeres Heft oder ein Tagebuch hättest, in das du reinkritzeln kannst.

Noch eine Sache, bevor wir gemeinsam loslegen: Die wichtigste Freundschaft, die wir in unserem Leben haben, ist die Freundschaft zu uns selbst. Wir begleiten uns überallhin – ein ganzes Leben lang. Umso notwendiger ist es, dass wir gut zu uns sind. Lass uns heute damit beginnen, damit diese Freundschaft unschlagbar superstark wird, okay? Los geht's!

Ich bin ich!

SUPERSTIMME

Warum es wichtig ist, was du zu sagen hast

Lass uns über Politik quatschen!

„Sag mal, wann putzt du dir endlich die Zähne?“

„Sind die Hausaufgaben noch immer nicht fertig?!“

„Und wer räumt jetzt diesen Saustall auf?“

So etwas in der Art hast du bestimmt schon mal gehört, oder? Manchmal kommt es einem so vor, als hätte man wie ein Roboter nur Befehle auszuführen. Aber wusstest du, dass du auch ganz viele Rechte hast? Super, nicht wahr?! Noch besser ist es, wenn du deine Rechte auch kennst. Deshalb Trommelwirbel – hier kommen deine Rechte! Wenn's um Rechte geht, quatschen wir aber automatisch auch über Politik. Was sich vielleicht erst mal so ein bisschen laaaangweiliiiiig anhört, ist eigentlich superdupermegaspannend. Echt jetzt! Ich schwör's! Auf geht's!

Vor vielen Jahren haben sich fast alle Länder dieser Erde zusammengetan, um gemeinsam Politik zu machen, damit so etwas schlimmes wie ein Weltkrieg nicht mehr passieren kann. Diese Länder nennen sich die Vereinten Nationen, oder auf Englisch: United Nations – abgekürzt die UN. Die UN will vor allem den Weltfrieden und die Rechte der Menschen schützen. Klappt mal richtig gut und manchmal noch nicht so gut, aber seit es die UN gibt, geht es vielen Menschen auf der Welt besser, vor allem den Kindern. Yippie! Vor 30 Jahren hast nämlich du deine eigenen Rechte bekommen. Diese Kinderrechte nennt man auch – jetzt kommt ein etwas sperriges Wort – die UN-Kinderrechtskonventionen.

Was sind die UN-Kinderrechtskonventionen?

Die internationalen Kinderrechte gibt es als cooles Taschenbuch mit schönen Bildern zum Nachlesen. Im Internet kannst du dir das gratis herunterladen.[1] Da stehen dann so Sachen drin wie:

- **dass alle Kinder gleich sind, egal welche Hautfarbe, welches Geschlecht, oder welche Religion sie haben.**
- **Oder, dass jedes Kind ein Recht auf Bildung und Gesundheit hat.**
- **Und wusstest du, dass du auch ein Recht hast, deine eigene Meinung zu äußern, und dass Erwachsene deine Meinung ernst nehmen müssen? Super, nicht wahr?**

Egal ob du fiepst wie ein Mäuschen, brüllst wie ein Löwe oder quasselst wie ein Wasserfall, alles prima – deine Meinung ist wichtig, deine Stimme ist super. Warum ist das so? Weil du die Zukunft bist und wir alle auf diesem Planeten gut miteinander auskommen wollen. Um das zu schaffen, müssen wir uns gegenseitig ernst nehmen und verstehen.

Natürlich gibt es immer wieder Menschen, die nicht so gut zuhören können. Kein Problem, die kann man dann auch ausbremsen, zum Beispiel mit folgendem Satz:

„Hör mir bitte zu und nimm mich und meine Gefühle ernst, denn wenn du das nicht machst, verstößt du gegen Artikel 12 und 13 der UN-Kinderrechtskonventionen, und das wäre dann so voll daneben."

Diese Aussage solltest du auswendig lernen, denn damit machst du alle platt, und ich frage sie am Ende des Buches vielleicht ab. ;)

[1] Und zwar hier: https://www.unicef.de/informieren/materialien/kinderrechte-taschenbuch/214664

Erwachsene können von Kindern viel lernen, weil Kinder einen anderen Blick auf die Welt haben. Die Großen haben manchmal innere Scheuklappen auf, die man von außen nicht sehen kann. Die sehen dann nur das kleine Stückchen Weg, das vor ihnen liegt, und sagen Dinge wie:

„Warum willst du etwas verändern? Lass das mal, das haben wir immer so gemacht."

Mit deinem frischen, neuen Blick auf die Welt kannst du den Erwachsenen Wege zeigen, die sie so nicht sehen würden.

Viele bemerkenswerte Kinder haben mit ihrer Stimme die Welt verändert. Gleich wirst du merken, dass das nicht immer die lautesten, stärksten und beliebtesten Kinder waren. Die eigene Stimme kann nämlich jeder nutzen. Hier ein paar richtig gute Superheldinnen und -helden mit Stimme:

Der erste Superheld heißt **Jaylen Arnold**. Er wurde in der Schule ganz schlimm gemobbt, und das nur, weil er ein bisschen anders ist. Manchmal macht er unkontrollierte Bewegungen und Geräusche, weil er das Tourette-Syndrom hat, außerdem kann er nicht so gut erkennen, was andere Menschen gerade denken oder fühlen, weil er auch das Asperger-Syndrom hat. Jaylen hatte solche Angst vor der Schule, dass er Panikattacken bekam. Aber statt deswegen leiser zu werden, wurde er lauter und teilte dann allen mit, wie schlimm es ist, gemobbt zu werden. Das machte er so gut, dass er inzwischen schon 100.000 Schüler in Amerika zum Thema Mobbing unterrichtet hat und dadurch vielen geholfen hat, die auch ein bisschen anders sind.

Die nächste Superheldin ist ungefähr so bekannt wie Spiderman oder Batman – sie heißt Greta Thunberg. Weltweiten Applaus hat sie als 16-Jährige bekommen. Damals hat sie beim Klimagipfel der UN eine Rede gehalten, die die Menschen rund um den Globus bewegt hat. Sie ist die Anführerin der Klimaschutzbewegung Fridays for Future. Wie Jaylen hat auch sie das Asperger-Syndrom und wird für ihr Anderssein oft attackiert. Aber Greta weiß: „Wenn Hater mich für mein Aussehen und mein Anderssein angreifen, haben sie keine Argumente mehr, und ich habe gewonnen… Mein Asperger-Syndrom ist meine Superpower." Menschen mit Asperger sind ehrlich und direkt und haben einen großen Sinn für soziale Gerechtigkeit. Die ideale Voraussetzung also, um Aktivistin zu werden. Über eine Million Kinder standen bisher schon bei den Fridays-for-Future-Demonstrationen hinter Greta und ihrer Mission – dem Klimaschutz.

Unsere nächste Superheldin hat mit 17 Jahren als jüngster Mensch der Geschichte den Friedensnobelpreis für ihren mutigen Kampf um die Gleichberechtigung von Mädchen und Frauen bekommen. Malala Yousafzai stammt aus dem Swat-Tal in Pakistan. Dieser Teil des Landes wurde von Taliban-Terroristen erobert – das sind Kämpfer, die sehr viel Gewalt ausüben, wenn Menschen nicht nach deren Vorstellungen leben. Nach Ansicht der Taliban sollten Mädchen nicht zur Schule gehen. Malala ging trotzdem weiterhin zur Schule und schrieb in einem Blog darüber. Im Oktober 2012, als Malala gerade mal 15 Jahre alt war, wurde sie von Kämpfern der Taliban angeschossen und schwer im Gesicht verletzt. Malala überlebte und kämpft nun weiter. Um stark zu sein, braucht man keine Muckis oder Waffen. Stark kann man auch mit seiner Stimme sein, und wahrscheinlich ist Malala Yousafzai einer der stärksten Menschen der Welt.

FÜNF-PUNKTE-CHALLENGE

Für die eigene Meinung einzustehen, ist nicht immer leicht, auch die drei Superhelden mussten das erst üben und wurden mit der Zeit immer besser.

Falls es dir nicht so leichtfällt, habe ich hier eine tolle Übung für dich. Sie nennt sich die Fünf-Punkte-Methode. Die alten Griechen haben diese schon angewandt, damit sie sich nicht verzettelten, wenn sie diskutierten. Bei der Methode gibt es wie beim Lego unterschiedliche Bausteine:

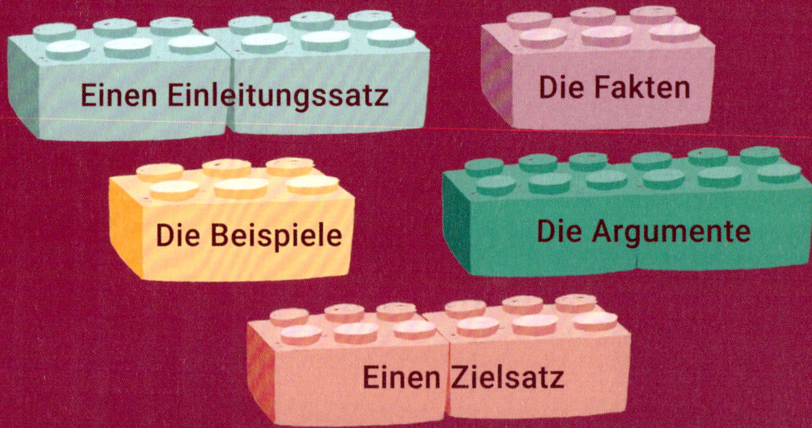

Du kannst erst im Kleinen üben, indem du z. B.: mit deinen Eltern über eine Sache redest, die dich beschäftigt. Nehmen wir einmal an, deine Eltern gucken gerne in ihr Handy und hören gar nicht richtig zu, wenn du ihnen etwas Wichtiges sagen möchtest.

1. Einleitungssatz – Manchmal, wenn ich mit euch sprechen möchte, habe ich das Gefühl, dass ihr mir nicht richtig zuhört, weil ihr dabei häufig in eure Handys guckt.

2. Fakten – Nach der Schule möchte ich euch gerne von meinem Tag erzählen. Ihr müsst dann oft noch etwas für die Arbeit erledigen, verschickt Nachrichten oder sucht irgendetwas im Internet.

3. Beispiele – Letztens habe ich euch davon erzählt, wie ungerecht ich die Note im Sportunterricht fand, und ihr habt mir nur gesagt: „Sport ist doch nicht so wichtig."

4. Argumente –Mir ging es gar nicht darum, ob die Note wichtig ist oder nicht. Ich fand das ungerecht und hätte gerne mit euch darüber gesprochen, weil ich das nicht verstanden habe.

5. Zielsatz – Könnten wir als Familie vielleicht alle abends die Handys weglegen? Ich würde mich sehr freuen, wenn wir handyfreie Zeiten einführen würden.

Und jetzt machst du es wie die alten Griechen. Lorbeerkranz aufsetzen und ein bisschen mit der Methode rumspielen. Viel Spaß beim Diskutieren.

SUPERKÖRPER

Dein Körper ist ein Wunder

Spürnase aufgepasst! Jetzt benötige ich deine Mithilfe, und zwar ganz dringend. Es geht um den menschlichen Körper. Lass uns erst mal einen Blick auf die Menschheit werfen. Menschen sehen ganz unterschiedlich aus. Guck dich mal in der Schule, auf der Straße oder im Freibad um. Da gibt es kleine, große, dünne, breite Menschen. Es gibt sie in allen Formen. Das ist wunderbar, denn würden alle gleich aussehen, wäre das nicht nur langweilig, sondern auch gruselig. Stell dir das mal vor: Dann würde dir jeden Tag eine Armee aus den gleichen Leuten entgegenkommen. Nicht schön. Viel schöner: Körpervielfalt! Daher freuen wir uns jetzt mal kurz, dass jeder Mensch ein bisschen anders aussieht und die Welt so schön bunt ist. Juhu! Freu!

Nur wenn man jetzt den lieben langen Tag ins Handy oder in den Fernseher guckt, sieht man meist immer nur dieselben Menschen: schlanke und durchtrainierte, dabei gibt es noch so viele andere. Diese Menschen, die man da so sieht, mogeln oft. Sie legen Filter über ihre Bilder, die ihr Aussehen verfremden, verändern ihre Körperformen mithilfe von Apps, ziehen den Bauch ein, stehen komisch da, nur damit sie noch schlanker und noch durchtrainierter wirken. Ich weiß, total albern und ein Riesenstress. Am Ende sehen sie dann ganz anders aus als in echt.

Die Bilder, die man auf Social Media & Co sieht, haben also oft nichts mit der Realität zu tun.

Nur was macht das mit uns? Viele denken dann: „Jeder ist schlank und durchtrainiert." Und weil die echten Menschen anders aussehen, fühlen sich einige schlecht in ihrem Körper. Dabei müsste man nur die Augen vom Handy auf die Leute da draußen lenken, die uns tagtäglich begegnen.

Diese Mogelpackungen aus den sozialen Netzwerken gibt es aber auch im Kinderzimmer. Zum Beispiel als Barbies oder als Actionfiguren in Videospielen. Sie dienen vielen Kindern als Vorbilder. Dabei sollte uns Barbie richtig leidtun, weil ein Mensch, der so aussieht, gar nicht leben könnte. Man hat nämlich errechnet, dass ein lebensgroßes Barbiemodell bis zu 2,26 Meter groß wäre. Der dünne Hals könnte das Gewicht des Kopfes nicht tragen. Außerdem würde sie mit den verhältnismäßig winzigen Füßen vornüberkippen, und die lebenswichtigen Organe hätten nicht genug Platz in ihrem Körper. Trotzdem gibt es immer wieder Menschen, die das schön finden und so aussehen wollen. Aber warum denn, wenn's doch eigentlich gar nicht geht?

JETZT BIST DU DRAN:

Deine Aufgabe ist es, mal herauszufinden, wie die Menschen wirklich aussehen, welche Körperformen es denn tatsächlich gibt. Schau dir dazu die echten Menschen draußen an und nicht die Mogelpackungen.

Freue dich über die Vielfalt, denn Schönheit kommt in allen Formen und Farben.

Dass in unserer Gesellschaft etwas schiefläuft, ist in den letzten Jahren immer mehr Menschen aufgefallen, und einige dieser Leute haben sich zusammengetan. Wenn sich viele miteinander für eine Sache einsetzen, nennt man das eine Bewegung. Diese Bewegung heißt **Body Positivity**. Body steht für Körper und positiv für gut. Der Begriff bedeutet also, seinen Körper gut zu finden, egal wie er ist: breit, schmal, groß, klein, jung, alt, mit und ohne Narben, Dellen, Muttermalen und Haaren. Alles ist menschlich. Alles ist gut. Alles liebenswert.

Zu Body Positivity gehört aber auch, dass man nicht über das Aussehen anderer Menschen schlecht redet. Wenn man das macht, spricht man von **Bodyshaming**, man beschämt also jemanden für seinen Körper. Das ist nicht nur gemein, sondern auch doof, weil wir alle irgendwann einmal anders aussehen werden. Unsere Körper verändern sich im Laufe des Lebens, das hat die Natur so vorgesehen. Jeder hat aber immer das Recht, sich jederzeit in seinem Körper wohlzufühlen und ihn zu schätzen.

Unterschiedliche Körper können unterschiedliche Sachen. Beim Rennsport ist es zum Beispiel von Vorteil, wenn man kleiner ist, damit man in den kleinen Rennwägen wendiger ist. Beim Basketballspielen ist es genau andersrum. Da haben die Größeren einen Vorteil, weil sie leichter an die Körbe kommen. Beim Kugelstoßen ist es gut, kräftiger zu sein, da die Kugel schwer ist und man für die Drehungen sehr viel Kraft braucht. Beim Fußball sind die kleinen, flinken wieder gefragt.

Manche sind aber trotzdem nicht so zufrieden mit ihrem Körper und sagen sich selbst gemeine Sachen wie „Ich finde mich zu dick/dünn/groß/klein“ oder „Mir gefällt dieses und jenes an mir nicht“.
Das haben leider die meisten von uns schon einmal gemacht, obwohl das unserem Körper gegenüber ziemlich unfair ist, weil er jeden Tag so super für uns arbeitet.

Eigentlich gehören die schlechten Gefühle, die viele Menschen ihren Körpern gegenüber haben, gar nicht zu ihnen. Die kommen von außen, weil man überall nur Mogelpackungen sieht und viel zu selten echte Menschen. Ganz kleine Kinder haben diese Gefühle noch nicht. Die fühlen sich pudelwohl in ihrem Körper. Sie lieben es, in den Spiegel zu gucken, und finden immer schön, was sie da sehen. Sie machen Grimassen, verkleiden sich und haben die größte Freude an ihrem Spiegelbild. Das sollten wir ihnen dringend nachmachen.

Aus schlechten Körpergefühlen kann man aber auch gute machen. Wie geht das? Wenn man versteht, wie wundervoll unser Körper ist. Hier sind die besten 15 Gründe, warum du stolz und glücklich sein darfst, diesen einen Körper zu haben. Was der nämlich alles kann?!

15 Gründe

Warum du stolz und glücklich sein darfst, diesen einen Körper zu haben:

1. Dein Supergehirn erzeugt gerade mehr elektrische Impulse als alle Telefone auf der ganzen Welt zusammen.
2. Dein Superkörper produziert jede Sekunde ca. 25 Millionen neue Zellen. In vier Sekunden sind das mehr Zellen, als es Menschen in Deutschland gibt.
3. Als Mensch bist du vielleicht nicht das größte, schnellste oder stärkste aller Lebewesen auf Erden, aber du bist der beste Langstreckenläufer. Das liegt an deinen Superbeinen, deiner aufrechten Haltung und der Superfähigkeit, deinen Körper durch Schwitzen selbst abzukühlen.
4. Deine Superhaut wird ca. 1.000-mal in einem Leben erneuert.
5. Dein Superherz erzeugt täglich so viel Energie, dass man damit mit einem Lkw 30 km lang fahren könnte.
6. Dein Superhirn kann Daten von ca. 30 Millionen Gigabyte speichern. Dazu bräuchte man normalerweise ca. 30.000 Computer.
7. Du atmest pro Tag ca. 25.000-mal und denkst gar nicht daran. Das macht dein Superhirn ganz automatisch.
8. Die Neuronen in deinem Supergehirn übertragen Informationen mit einer Geschwindigkeit von 435 km/h.
9. Dein Superherz schlägt zwischen 60- und 100-mal pro Minute. Das sind bis zur drei Milliarden Herzschläge im Laufe deines Lebens.
10. Alle deine Blutgefäße zusammen sind rund 100.000 Kilometer lang. Die könnte man zweieinhalbmal um die Erde wickeln.
11. Du bist einzigartig und dein Fingerabdruck auch. Das haben sonst nur Koalas.
12. All deine Superkörperteile haben die Fähigkeit zu heilen, außer deine Zähne und Haare.
13. Das Material deiner Superknochen entspricht der Stärke von Stahl.

14. Du hast 2.000 bis 4.000 Geschmacksnerven, die sind alle auf deiner Superzunge. Du kannst aber auch mit deinem Hals, deiner Nase und mit deiner Speiseröhre schmecken.

15. Unsere Superaugen können über 100 Millionen verschiedene Farben sehen.

Welch ein Wunderwerk dein Körper ist! Ich finde, wer so hart arbeitet, den sollte man zwischendurch ganz dolle loben. Das machen wir jetzt auch:

KÖRPER-CHALLENGE

Schnapp dir dazu dein Tagebuch. Du kannst eine Doppelseite nehmen. Auf die eine Seite kritzelst du ein Bild von dir oder klebst ein Foto von dir rein. Auf die andere Seite schreibst du, warum du deinen Körper super findest. Das können dann Dinge sein wie:

- Meine Augen sind super, weil ich damit schöne Dinge angucken kann.
- Meine Ohren sind super, weil ich damit meine Lieblingsmusik hören kann.
- Mein Mund ist super, weil ich damit lächeln kann.
- Meine Hände sind super, weil ich damit schreiben und rumkritzeln kann.
- Meine Arme sind super, weil ich damit einen Ball werfen kann.
- Meine Lungen sind super, weil ich superausdauernd bin.
- Meine Beine sind super, weil ich damit schnell wie ein Blitz laufen kann.
- Meine Füße sind super, weil sie mich überall hinbringen.

WOW, du und dein Körper, ihr seid wirklich super! Was fällt dir sonst noch ein?

SUPERUNIKAT

Warum es super ist, anders zu sein, und wir uns nicht so viel vergleichen sollten

Kommst du dir manchmal auch so vor, als wärst du anders als die anderen? Super! Dann ist ja alles in Ordnung! Das, was du da fühlst, ist völlig normal. So geht es den anderen auch, denn jeder von uns ist anders. Welch ein Glück! So wie ein Fingerabdruck nie einem anderen gleicht, gleicht ein Mensch auch nie einem anderen, weder innerlich noch äußerlich.

Wenn sowieso jeder anders ist, macht es da überhaupt Sinn, sich ständig zu vergleichen? Kann man sich da nicht einfach sagen, du bist so, ich bin so, und beides ist super? Es liegt in der menschlichen Natur, sich mit den anderen zu vergleichen. Ein bisschen ist das auch gut so, weil wir dadurch unsere eigenen Stärken und Schwächen besser kennenlernen und wir uns mit der Zeit immer besser einschätzen können. Manchmal macht der Wettbewerb sogar Spaß, außerdem kann er uns anspornen, neue Dinge zu lernen. Nur wenn man sich zu viel vergleicht, fühlt sich das gar nicht mehr gut an. Daher sollte man sich die Sache mit dem Vergleichen mal genauer anschauen.

Lotta schreibt immer nur Einsen und zeigt sie jedem. Paul kann einen Handstand und macht den ständig vor. Hansi weiß immer alles besser und muss die anderen oft korrigieren. Kennst du die alle? Bestimmt haben sie bei dir andere Namen, aber es gibt sie überall. Mitmenschen, die sich ständig vergleichen und besser sein wollen. Aber jeder Mensch kann irgendetwas besser. Lotta schreibt vielleicht super Noten, aber Felicitas macht es dafür Spaß, vor der Klasse etwas vorzutragen. Paul kann den Handstand, aber Lucie hat dafür sehr viel Geduld beim Malen. Hansi weiß sehr viel, aber Esra ist ein guter Schwimmer. Wir haben alle unterschiedliche Stärken. Wenn sich jeder mit jedem ständig messen würde, dann wäre das ziemlich stressig. Das wäre dann wie bei den Olympischen Spielen, nur nicht alle vier Jahre, sondern ANDAUERND!
Dann hätten wir gar keine Zeit mehr, die schönen Dinge zu genießen.

Es ist aber noch lange nicht gesagt, dass du die Sachen irgendwann mal nicht genauso gut oder sogar besser machen kannst. Ich war zum Beispiel in der Grundschule die Kleinste und Kräftigste und nicht so gut im Sportunterricht. Wenn Mannschaften gewählt wurden, war ich immer die Letzte. Heute bin ich Yogalehrerin und eine ausdauernde Läuferin. Das, was du heute noch nicht so gut kannst, kannst du vielleicht morgen schon richtig gut. Und selbst wenn nicht: Das muss auch gar nicht so sein!

Menschen vergleichen sich gerne über Leistungen oder Besitztümer. Allerdings lassen sich die tollsten menschlichen Eigenschaften gar nicht messen: Charakterstärke, Fairness, Dankbarkeit, Ehrlichkeit und Freundlichkeit.

Menschen, die übertrieben viel mit ihrem Besitz und ihren Leistungen angeben, fehlt im Inneren oft etwas. Meist fühlen sie sich ganz klein und gar nicht super, deshalb suchen sie im Außen nach viel Bestätigung und wollen mit Leuchtschrift und Konfetti darauf hinweisen, dass sie eigentlich super sind. Das Problem ist nur, dass das innere Klein-sein-Gefühl davon nicht weg geht. Außerdem gibt es immer jemanden, der noch reicher und erfolgreicher ist als der Angeber.

Wenn Lotta, Paul und Hansi sich ständig mit dir vergleichen wollen, dann kann das wehtun. Das kennt jeder. Es gibt aber zwei gute Möglichkeiten, wie man mit Angebern umgehen kann.

1. Möglichkeit: Du weist sie freundlich darauf hin, dass du diesen Vergleich nicht möchtest. Dadurch setzt du eine Grenze. Man muss das manchmal öfters machen, aber nach einiger Zeit sollte das auch ein Angeber verstanden haben.

2. Möglichkeit: Du ignorierst den Angeber. Das mag der gar nicht, und meistens hört er irgendwann von allein damit auf, weil du ihm nicht die Bestätigung gibst, die er sich erhofft.

So, und jetzt gucken wir uns mal an, warum es super ist, ein Unikat zu ein, also ein prächtiges Einzelstück. Anders zu sein, kann eine Superpower sein. Dadurch hat man einen anderen Blick auf die Welt, und das kann ein großer Vorteil sein. Das ist zum Beispiel bei Menschen so, die neurodivers sind, deren Gehirn also ein bisschen anders arbeitet als das der anderen. Man geht davon aus, dass fast jeder fünfte Mensch auf der Welt zur Gruppe der Neurodiversen gehört. Das sind zum Beispiel Menschen mit Lese- und Schreibschwäche, Rechenstörung, ADHS oder Asperger-Syndrom. Die sind vielleicht ein bisschen anders, können aber manche Dinge dafür richtig gut. Menschen mit einer Lese- und Schreibschwäche sind oft sehr intelligent und können sich sehr viel merken. Menschen mit ADHS, so wie ich das auch habe, können sich vielleicht nicht so gut konzentrieren, sind aber oft sehr kreativ und feinfühlig.

Menschen mit Asperger-Syndrom wie Greta Thunberg und Jaylen Arnold, von denen ich euch schon erzählt habe, fühlen sich von sozialen Situationen vielleicht manchmal überfordert, lassen sich dafür aber nicht so schnell unterkriegen und haben ein großes Gefühl für Gerechtigkeit.

Es gibt noch zahlreiche andere Persönlichkeiten, die anders waren. Lasst uns mal eine Zeitreise machen und zwei Superhelden besuchen, die mit ihrem Andersein die Welt verändert haben.

Louis Braille – Und noch so ein Superheld, der ganz vielen Menschen auf der Welt geholfen hat. Der großartige Erfinder und Organist Louis Braille wurde 1809 in Frankreich geboren. Durch einen Unfall erblindete er im Alter von fünf Jahren. Er war ein sehr kluger, wissbegieriger Junge und wollte sich nicht damit abfinden, nie Bücher lesen zu können. Deshalb experimentierte er in der Schusterwerkstatt seines Papas mit allerhand Gerätschaften und Schriftbausätzen so lange herum, bis er als 16-Jähriger eine eigene Schrift für Blinde erfand. Als er das erste Mal vor anderen aus einem Buch vorlas, glaubten die Menschen, er hätte den Text nur auswendig gelernt. Erst zwei Jahre vor seinem Tod wurde seine Schrift offiziell an französischen Blindenschulen verwendet. In der Zwischenzeit war Louis aber fleißig und erfand zusätzlich noch eine Blinden-Musikschrift. Seine eigene Schrift ermöglichte es ihm, eine Ausbildung zum Berufsmusiker zu machen. Mittlerweile nutzen Blinde seine Schrift auf der ganzen Welt. Man findet sie auf den Knöpfen in Aufzügen, auf Fernbedienungen und Klingeln. Guck mal nach, ob auf eurer Fernbedienung so kleine Knubbel drauf sind – die hat Louis erfunden. Super, oder?

Eleanor Roosevelt — Okay, hier haben wir es mit einer waschechten Superheldin zu tun. Sie wurde 1884 geboren und als Kind für ihr Aussehen oft beleidigt, sogar ihre eigene Mutter war richtig gemein zu ihr. Sie zwar zudem sehr schüchtern und nach innen gekehrt. All das brachte sie aber kein Stück von ihrem Weg ab. Sie machte alle Zweifler mit ihrer Intelligenz platt.

Als sie später die Frau vom amerikanischen Präsidenten Franklin Roosevelt wurde, setzte sie sich für die Armen ein, kämpfte für die Gleichberechtigung von Frauen und gab ausgegrenzten Menschen in ihrem Land eine Stimme. Damals wurden homosexuelle Menschen, also Menschen, die dasselbe Geschlecht liebten, sehr unfair behandelt. Eleanor wusste, dass das falsch war, und hat ihre homosexuellen Freunde jede Woche zu sich ins Weiße Haus eingeladen. Später wurde sie von den Vereinten Nationen zur Chefin der Menschenrechtskommission ernannt und war die wohl wichtigste Verfasserin der „Allgemeinen Erklärung der Menschenrechte". Diese Rechte gelten bis heute, und machten das Leben vieler Menschen besser. Das schüchterne Mädchen, das früher ausgelacht wurde, hat mit ihrem großen Herz und ihrem klaren Verstand einfach mal die ganze Welt verändert. Eleanor hat es wirklich ALLEN gezeigt!

SCHATZTRUHEN-CHALLENGE

Dafür brauchen wir einen Karton. Wenn du willst, kannst du den mit Geschenkpapier aufhübschen, oder du bemalst ihn. Das wird deine Schatztruhe, die dich daran erinnern soll, wie super du bist. Da packen wir jetzt kleine Dinge rein, die dir ein gutes Gefühl geben. Zum Beispiel ein Foto von einem Berg, auf den du gewandert bist, das dich daran erinnert, wie schön es da war und wie ausdauernd du bist. Vielleicht hast du auch ein schönes Bild, das du gemalt hast und auf das du stolz bist. Oder eine Postkarte von jemandem, der dich lieb hat, damit du dich daran erinnerst, wie liebenswert du bist. Wenn du mal eine Medaille oder Urkunde bekommen hast, kannst du die auch da reinpacken. Oder eine Eintrittskarte vom Klettergarten, die dich daran erinnert, wie mutig du bist.

Und dann kommt da noch eine Schatzkarte mit rein. Unsere Schatzkarte ist ein bisschen anders als eine gewöhnliche Piratenschatzkarte. Auf unserer steht nämlich drauf, welche Schätze in deinem Inneren verborgen sind. Schnapp dir dazu ein Blatt Papier und liste mal all deine Stärken auf. Glaube mir, davon hast du gaaaanz viele. Solche Stärken könnten sein:

- Ich bin ein guter Freund.
- Ich bin sehr kreativ und habe den Kopf voller bunter Ideen.
- Ich bin neugierig und möchte immer dazulernen.
- Ich habe eine schöne Handschrift.
- Ich bin da, wenn Schwächere Hilfe brauchen.
- Ich kann mir alles Mögliche merken.
- Ich bin lustig und für jeden Quatsch zu haben.
- Ich kann ganz viele Lieder auswendig singen.
- Ich freue mich über kleine Dinge.
- Ich bin ein prima Legoarchitekt.
- Ich mache die besten Pausenbrote.
- Ich kenne mich voll gut mit Dinos aus.
- Ich kann andere begeistern und gut zuhören.

...

Wenn dir nichts mehr einfällt, kannst du auch deine Eltern fragen, denen fällt bestimmt einiges dazu ein. Diese Schatztruhe sollte immer griffbereit sein, und wenn du mal an dir zweifeln solltest, dann guck da rein und rufe dir in Erinnerung, welch ein prächtiges Superunikat du bist.

Ich und mein Bauchgefühl

So viel steckt in dir!

SUPERSELBSTVERTRAUEN

Entdecke deinen inneren Schatz

Ein Superselbstvertrauen, und zwar in jeder Lebenslage, das hätte jeder gerne. Nur was ist dieses Selbstvertrauen genau? Warum verlässt es uns manchmal? Wie viel braucht man davon, und wie fühlt sich das dann an?

Selbstvertrauen ist das Vertrauen in die eigenen Kräfte. Sich selbst zu vertrauen, heißt auch, dass man nach Misserfolgen oder Fehlern wieder schnell aufstehen kann. Dieses Selbstvertrauen hat nichts damit zu tun, wie stark, schön oder schlau jemand ist. Es gibt Menschen, die großartige Dinge leisten, aber ein schwächeres Selbstvertrauen haben und denken, dass sie nicht gut genug sind. Menschen mit einem guten Selbstvertrauen hingegen leisten womöglich viel weniger und fühlen sich trotzdem gut. Jeder von uns sollte sich aber gut fühlen können.

Selbstvertrauen kann man sich antrainieren. Wie Muckis in der Mucki-Bude – mit ein bisschen Übung wird es immer besser.

Es gibt so gut wie niemanden auf der Welt, der in allen Bereichen des Lebens total viel Selbstvertrauen hat. Das mit dem Selbstvertrauen ist auch tagesformabhängig. Das kennst du vielleicht von der Schule. An einem Tag machst du ein Referat richtig super und fühlst dich wie eine Rakete, und an einem anderen Tag will's nicht so richtig klappen, du verhaspelst dich und fühlst dich dann eher wie ein Knallfrosch.

Du kannst in einem Bereich superviel Selbstvertrauen haben und in einem anderen weniger, auch das ist normal. Mir macht es zum Beispiel nichts mehr aus, bei „Die Sendung mit dem Elefanten" vor einem großen Team in eine Kamera zu quatschen (Raketen-Gefühl). Wenn's aber darum geht, auf einer Party mit unterschiedlichen Leuten kurz zu quatschen, dann ist es manchmal futsch, dieses Selbstvertrauen. Dann steh ich nervös mit roten Ohren im Eck und sage nix (Knallfrosch-Gefühl).

Ich habe mal in dieser bunten Kiste namens Internet herumgekramt und zwei Superstars für dich herausgezogen, denen dieses Selbstvertrauen auch immer mal wieder abhaut.

Emma Watson (Hermine Granger aus den Harry-Potter-Filmen) – Sie ist eine der beliebtesten Schauspielerinnen ihrer Generation, und trotzdem findet sie sich manchmal so gar nicht super. Wenn sie Fotos von sich in Magazinen sieht, kommt sie sich vor wie eine Mogelpackung, weil sie in echt ganz anders aussieht, ohne Make-up, schönes Licht und Fotofilter. Auf ihrem Instagram-Account gibt es so gut wie kein Foto von ihr.

Captain America – Ja, du hast richtig gelesen, ein richtiger Superheld! Eigentlich ist es nicht ganz Captain America, sondern der Schauspieler Chris Evans, der den Superhelden im Kino spielt. Ihn packen die Unsicherheiten oft, wenn er in der Öffentlichkeit erkannt wird. Bei Filmpremieren ist er dann ein supernervöser Superheld. Da kann es dann schon vorkommen, dass der rote Teppich und sein Kopf ungefähr die gleiche Farbe annehmen und er ganz doll zu schwitzen anfängt.

Also völlig normal, dass einem das Selbstvertrauen manchmal ausbüchst. Wollen wir uns jetzt mal anschauen, wie man das trainieren kann? Am besten schon heute Abend? Du bist dabei? Gut, dann ab in die Heia! Die erste Challenge kannst du nämlich vom Bett aus machen.

SUPEREINSCHLAFRITUAL

Vorm Einschlafen kannst du noch einmal vor deinem inneren Auge den Tag vorbeiziehen lassen und dir gedanklich für all die Dinge, die du gut gemacht hast, auf die Schulter klopfen. Und zwar nicht nur dann, wenn du irgendetwas herausragend superduper erste Sahne gemacht hast, sondern auch für die winzig kleinen Erfolge des Tages.

Du kannst dich auch für die Sachen loben, die vielleicht nicht so super liefen, bei denen du dir aber Mühe gegeben hast:

„Auch wenn ich im Mathe-Test viele Fehler gemacht habe, habe ich mir trotzdem Mühe gegeben und mich darauf vorbereitet. Das war gut von mir! Wenn ich mir weiterhin Mühe gebe, werde ich immer besser."

Oder:

„Das Marmeladenbrot heute morgen habe ich richtig gut geschmiert. Das war schön und lecker!"

Oder auch:

„Voll gut von mir, dass ich heute in der langweiligsten Schulstunde nicht eingeschlafen bin!"

Du kannst das in ein Tagebuch schreiben oder einfach im Kopf durchgehen. Und dann Augen zu, schlafen und morgen im Raketen-Modus aufwachen.

SUPERHALTUNG: KOPF HOCH! BRUST RAUS!

Ist dir bestimmt auch schon mal aufgefallen: Superhelden stehen immer so da: Kopf hoch, fester, breiter Stand, Hände in den Hüften und Brust raus. Supergirl, Captain America, Batman, Wonder Woman, alle machen das! Weil du auch sehr super bist, solltest du dich jetzt auch mal so hinstellen! Gut, gell?

Man nennt das Power-Posing – oder auf Deutsch: Machthaltung. Damit zeigt man anderen, dass man keine Angst hat. Auch wenn man sich nicht so fühlt, sollte man öfters so dastehen. Das haben ein paar deutsche Forscher und Forscherinnen herausgefunden. Die haben an 108 Viertklässlern ausprobiert, ob Power-Posing sie verändert. Dazu haben sie die Schüler in zwei Gruppen aufgeteilt: Eine Gruppe hat eine Beleidigte-Leberwurst-Haltung eingenommen, also den Kopf eingezogen, einen krummen Rücken gemacht und die Hände vor dem Körper verschränkt. Die andere Gruppe, die Superheldengruppe, sollte den Kopf heben, die Brust rausstrecken und viel Platz einnehmen. Danach haben sie verschiedene Tests durchgeführt und festgestellt, dass die Superhelden mehr Selbstvertrauen hatten als die beleidigten Leberwürste. Das hält zwar nur für kurze Zeit an, aber für ein Referat oder einen Schulauftritt reicht es allemal.

SUPERSTARK

Warum du keine Angst vor negativen Gefühlen haben musst

Lass uns über Gefühle reden. Wäre es nicht super, wenn wir immer nur gute Gefühle hätten? Wenn wir froh, gelassen, dankbar, neugierig, inspiriert und glücklich durchs Leben gehen könnten? Aber das Leben ist bunt, manchmal chaotisch und abwechslungsreich. Mal regnet es, mal scheint die Sonne. Durch negative Gefühle wissen wir die guten mehr zu schätzen.

Würdest du zum Beispiel immer nur Schokotorte essen, wäre es irgendwann nichts Besonderes mehr, und du könntest dich über die 100. Schokotorte gar nicht mehr freuen. Sie würde dir zum Hals raushängen. Aber wenn's zwischendurch Brokkoli zu essen gäbe, würdest du dich über eine leckere Schokotorte wieder umso mehr freuen.

Jetzt gucken wir uns mal den Brokkoli unter den Gefühlen genauer an: Wenn wir traurig sind, fühlen wir uns oft ein bisschen niedergeschlagen. Das kann sich im Bauch dann so anfühlen, als hätte man einen Stein verschluckt. Manchmal hilft es, sich abzulenken, indem man sich zum Beispiel beim Federballspielen abreagiert, auf einem Trampolin hüpft oder mit einem Roller durch einen Park fährt. Nur leider klappt das nicht immer mit dem Ablenken. Manchmal schleppt man dieses Gefühl im Bauch länger mit sich rum. Das Gefühl will raus, es möchte von dir wahrgenommen werden. Das ist dann wie bei einem Wasserball im Schwimmbad. Wenn du einen Ball im Wasser ganz feste nach unten drückst, möchte der schnell wieder nach oben. Je fester und tiefer du ihn wegdrückst, umso höher wird der Druck. Daher lassen wir dein Gefühl lieber mal nach oben, um den Druck rauszunehmen. Manchmal guckt man sich seine Gefühle nicht an, weil man ein bisschen Angst davor hat. Du musst aber keine Angst haben, denn du bist viel stärker als so ein Gefühl.

Man findet seine Gefühle meist irgendwo im Körper. Du kennst doch bestimmt die Redewendung: „Das bereitet mir Bauchschmerzen". Das sagen Menschen, wenn sie sich bei einer Sache nicht wohlfühlen und ein unangenehmes Gefühl im Bauch haben. Wenn man wütend ist, sagt man auch „Mir platzt gleich der Kragen", weil Wut bei manchen wie ein Druck im Hals zu spüren ist. Bestimmt hast du auch schon einmal so etwas gehört wie „Schmetterlinge im Bauch" haben: Verknallte Menschen haben so ein Flattergefühl im Bauch.

Wenn du jetzt gerade ein nicht so tolles Gefühl mit dir rumträgst, kannst du mal versuchen, es in deinem Körper zu finden. Dazu hilft es, wenn du die Augen zumachst. Wo sitzt es genau? Wie fühlt es sich an? Damit gibst du deinem Gefühl Aufmerksamkeit, das tut dem Gefühl gut und dir auch. Das Gefühl darf da sein, keiner drückt es mehr weg.

Kannst du deinem Gefühl einen Namen geben?

Hier ein paar Vorschläge, ist es da schon dabei?

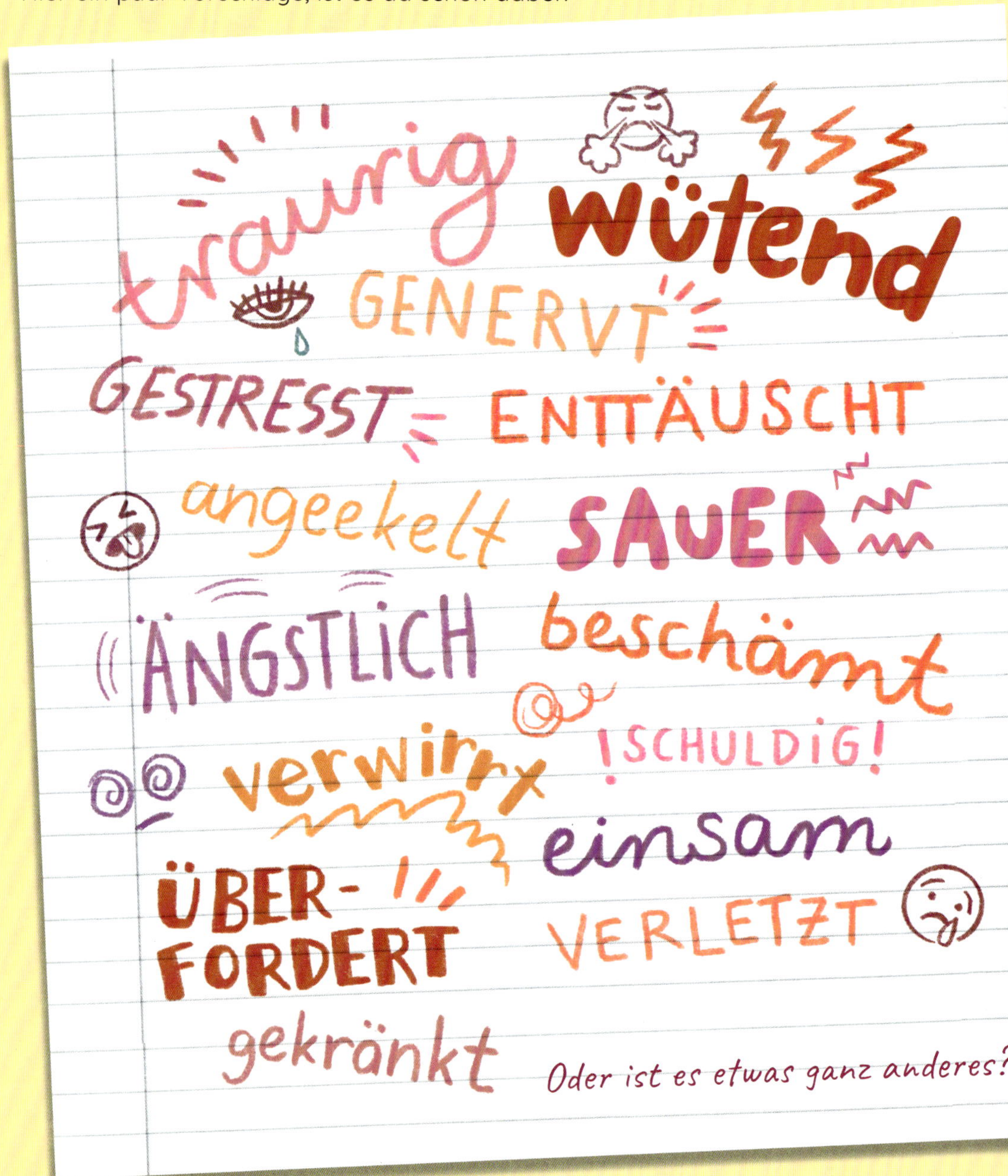

Nachdem du einen Namen dafür gefunden hast, versuche herauszufinden, warum du dich so fühlst. Du kannst das in dein Tagebuch schreiben oder reinmalen, wenn du willst. Vielleicht ist es ein beleidigter Smiley oder ein lustiges Monster mit Kulleraugen. Du kannst aber auch mit deinen Eltern darüber sprechen. Wenn jemand ganz schlimm zu dir war und du dich deshalb schlecht fühlst, dann ist es wichtig, dass du mit einem Erwachsenen darüber sprichst. Die können dir nämlich helfen und mit dir nach einer guten Lösung suchen.

Wenn du dir dein Gefühl genauer angeschaut hast, wirst du merken, dass es dann auch wieder weiterzieht. Erwachsene nennen dieses Genau-Angucken von Gefühlen auch Achtsamkeit. Man gibt da auf sich und seine Gefühle acht. Das ist gut für Groß und Klein. Gefühle kannst du dir wie Regenwolken vorstellen. Manchmal wirken sie bedrohlich und verdunkeln den ganzen Himmel, so als würde die Welt gleich untergehen. Wenn man aber ganz genau hinschaut, kann man sehen, dass diese bedrohlichen Wolken eigentlich nur aus vielen kleinen Wassertröpfchen und winzigen Eiskristallen bestehen. Die Wolken bewegen sich ganz langsam weiter. Irgendwann blinzelt die Sonne wieder durch, und in absehbarer Zeit sind die Wolken wieder weg. Das ist ein Naturgesetz – und so ist das auch mit deinen Gefühlen.

SORGENHELFER-CHALLENGE

So, und jetzt basteln wir uns ein paar kleine Sorgenhelfer. Dazu kannst du die kleine Figur hier unten drei- bis viermal abpausen, ausschneiden und unterschiedlich ausmalen.

Mit den Sorgenhelfern kannst du sprechen und ihnen all deine Probleme anvertrauen. Wenn du das gemacht hast, kannst du sie in einen Socken packen und unter dein Kissen legen. Du wirst sehen, am nächsten Tag sieht die Welt schon wieder ganz anders aus.

Dieses Ritual kommt ursprünglich aus Guatemala vom alten Volk der Maya. Dort bastelt man bis heute noch winzig kleine Püppchen, denen die Kinder alles Mögliche anvertrauen. Wenn man über seine Probleme sprechen kann, ist man nämlich weniger ängstlich, und die Gefühle haben dann die Möglichkeit, weiterzuziehen, wie die Wolken am Himmel.

SUPERMUTIG

Warum es mutig ist, nicht jeden Quatsch mitzumachen

Lass uns mal ein bisschen rumphilosophieren, okay? Beim Philosophieren macht man sich Gedanken über die Welt und hinterfragt das Leben. Das klingt erst mal mordskompliziert, ist es aber gar nicht. Es kann richtig Spaß machen, wenn man die Welt mit seinen Gedanken auf den Kopf stellt. Philosophieren kann jeder, und Kinder sind oft die besten Philosophen, weil ihre Gedanken frischer und freier sind. Du kannst dir beim Philosophieren so Fragen stellen wie zum Beispiel: Warum sind wir auf der Welt? Was braucht man, um glücklich zu sein? Ist es richtig, dass manche Menschen mehr haben als andere? ...

Manche Philosophen hatten so supertolle Gedanken, dass sie damit die Welt verändert haben. So eine **Welt-Veränderin** möchte ich dir jetzt mal vorstellen: Es ist die Philosophin und Menschenrechtlerin **Sojourner Truth**. Von ihr stammt der Satz:

> **„Die Wahrheit ist mächtig und sie wird sich durchsetzen."**

Sojourner wurde 1797 in Amerika als Sklavin geboren. Sklaven hatten damals keine Rechte und wurden von ihren Besitzern wie Gegenstände behandelt und gequält. Eines Tages ist sie deshalb vor ihrem Besitzer geflohen. In der Freiheit erfuhr sie, dass ihr fünfjähriger Sohn verkauft worden war. Da wurde sie laut, und zwar so richtig. Obwohl sie nicht lesen und schreiben konnte, zog sie mit Pauken und Trompeten vors Gericht und kämpfte um ihren Sohn. Als erste

schwarze Frau in der Geschichte Amerikas gewann sie eine Klage gegen einen weißen Mann. Ihr Sohn wurde freigelassen. Sie erhob weitere Klagen, gewann alle, und ihre Kinder kamen als freie Menschen zu ihr zurück. Sie sagte sich:

„Ich werde nicht zulassen, dass das Licht meines Lebens von der Dunkelheit um mich herum bestimmt wird."

Sojourner leuchtete und kämpfte gegen die Unterdrückung der schwarzen Menschen in Amerika und für die Gleichberechtigung der Frauen. Ihre Gedanken waren so klar und ihre Reden so fesselnd, dass sogar der amerikanische Präsident Abraham Lincoln begeistert war von ihr. Noch als 80-jährige Oma reiste sie mit der Lokomotive durchs Land und gab vielen Menschen eine Stimme, die keine hatten.

Die Sklaverei wurde abgeschafft, und Frauen dürfen heute wählen. Wir sind weit gekommen, und trotzdem werden Menschen noch immer wegen ihrer Hautfarbe oder ihres Geschlechts benachteiligt. Auch bei uns sind die meisten Chefs und Politiker noch immer alte, weiße Männer. Diese Männerherrschaft nennt man Patriarchat, und die Spielregeln, nach denen die alten, weißen Männer die Welt regieren, können ganz schön fies sein. Deshalb brauchen wir weiterhin so kluge Köpfe, die sich dafür einsetzen, dass alle Menschen gleich behandelt werden, unabhängig davon, welche Hautfarbe, welches Aussehen, welche Religion oder welches Geschlecht jemand hat.

Wenn du Lust hast, kannst du darüber auch ein bisschen philosophieren. Hier sind ein paar Fragen dazu. Du kannst sie allein beantworten oder mit jemand anderem darüber diskutieren:

Was würdest du verändern, wenn du Bundeskanzlerin wärst?

Hast du selbst schon einmal Ungerechtigkeiten erlebt oder gesehen?

Wie würde eine ideale Welt für dich aussehen?

Was müsste passieren, damit die Welt so wird, wie du sie gerne hättest?

Damit wir erkennen können, wenn etwas schiefläuft, ist es auch wichtig, dass wir nicht jeden Quatsch mitmachen. Das mit dem Quatsch ist aber gar nicht so einfach, weil wir Menschen Herdentiere sind, und in der Gruppe fällt uns leider manchmal ganz schön viel Blödsinn ein.

Als Herdentiere fühlen wir uns in der Gemeinschaft sicherer, weil wir früher in der Steinzeit allein nicht überlebt hätten. Manche Gruppen geben einem aber das Gefühl, dass man sich verändern muss, um dazuzugehören. Dieses blöde Gefühl nennt man Gruppenzwang. In diese Falle tappen sogar Erwachsene immer wieder. Die kaufen sich dann irgendeinen Quatsch, den sie gar nicht brauchen, um zu einer Gruppe zu gehören, in der sie sich gar nicht wohlfühlen. Weil sie oft gar nicht wissen, was sie selbst wirklich wollen. Damit uns das nicht passiert, gucken wir uns die Sache mit dem Gruppenzwang mal genauer an.

In solchen Gruppen, in denen so ein Zwang herrscht, findet man sehr oft unsichere Menschen. Diese Unsicherheiten erkennt man nicht sofort, weil die Leute oft überlegen oder arrogant wirken. Der südafrikanische Friedensnobelpreisträger Desmond Tutu hat dazu mal etwas Schlaues gesagt:

„Arroganz kommt wirklich von Unsicherheit, und am Ende ist unser Gefühl, dass wir größer sind als andere, wirklich die Kehrseite unseres Gefühls, dass wir kleiner als andere sind."

Ich zeig dir mal am praktischen Beispiel, was der damit gemeint hat, und dann schauen wir uns ein paar Gründe an, warum du den Quatsch nicht mitmachen musst.

Gruppenzwang	Gruppenunsicherheit	Den Quatsch mach ich nicht mit
In der Gruppe tragen alle teure Turnschuhe. Sie blicken auf andere herab, die sich so etwas nicht leisten können. (Geht übrigens auch mit Handys, Autos und anderem Firlefanz.)	Die Turnschuhe werten uns auf. Hätten wir die nicht an, würde jeder sehen, dass wir nichts Besseres sind. Innen drin fehlt uns nämlich etwas.	Ich bin ein wertvoller Mensch, und irgendwelche Latschen können nichts daran ändern. Mit teuren Sachen anzugeben, ist ein bisschen arm.
In der Gruppe reden alle wie Gangster, hänseln andere und machen sich über Schwächere lustig.	Indem wir andere kleinmachen, fühlen wir uns größer, einzeln sind wir schwach. Das Hänseln soll darüber hinwegtäuschen.	Ich bin ein guter Mensch, und das darf ruhig jeder sehen. Freundlich zu sein, ist obercool und megaschlau, denn es tut mir gut, wenn es anderen auch gut geht.
In der Gruppe messen sich alle über ihre Erfolge in der Schule. Wenn jemand nicht so viel weiß oder schlechtere Noten hat, blicken sie auf ihn herab.	Ohne den Erfolg hätten wir das Gefühl, nicht gut genug zu sein. Durch die guten Noten fühlen wir uns überlegen und nicht mehr ganz so unbedeutend.	Ich habe superviele Stärken und sehe auch die Stärken der anderen. Ich bin ein prächtiges Unikat, und es ist völlig in Ordnung, dass ich in manchen Fächern gute und anderen nicht so gute Noten habe.

Damit wir nicht jeden Quatsch mitmachen und schneller erkennen können, wenn uns jemand gerade einen Quatsch erzählt, ist es ganz hilfreich, zwischen Fakten, Meinungen und Fehlinformation zu unterscheiden.

Fakten sind Wahrheiten oder Tatsachen, die man nachweisen kann. Ein Fakt wäre: „Die Erde ist rund". Das weiß man, weil zig schlaue Wissenschaftler das längst bewiesen haben und wir mittlerweile vom Weltall aus auf unsere schöne runde Erde gucken können.

Eine Meinung ist eine persönliche Ansicht über etwas. Das wäre zum Beispiel: „Ich finde, dass die Erde aussieht wie ein riesengroßer Wasserball." Ein anderer sagt aber: „Was erzählt die da?! Sieht doch eindeutig aus wie eine blaue Glasmurmel." Du merkst: Man kann zu einer Sache verschiedene Meinungen haben. Jeder darf seine eigene Meinung haben.

Eine Fehlinformation ist eine nachweislich falsche, irreführende Aussage. Das wäre beispielsweise: „Die Erde ist eine Scheibe". Das behaupten manche, obwohl viel schlauere Menschen längst das Gegenteil bewiesen haben. Manchmal verpacken Menschen ihre Meinungen oder Fehlinformationen so geschickt, dass man meinen könnte, sie wären Fakten. Damit man auf so einen Quatsch aber nicht reinfällt, gehen wir der Sache mal nach.

SPÜRNASEN-CHALLENGE

Meisterdetektiv aufgepasst! Hier findest du 21 Aussagen. Sieben davon sind Fakten, weitere sieben sind Meinungen, und die restlichen sind Fehlinformationen. Aber aufgepasst, manchmal klingt ein Fakt so, als wäre er eine Fehlinformation, und manche Fehlinformation hat man schon so oft gehört, dass man meinen könnte, sie wäre ein Fakt. Und wie kannst du das rausfinden? Indem du dir Bücher zum Thema aus der Bibliothek ausleihst oder im Internet danach suchst. Frage deine Eltern oder Lehrer, welchen Nachrichtenseiten man vertrauen kann. Die Auflösung zu dieser Challenge findest du ganz hinten im Buch.

1. Von Amerika aus kann man im Winter in 20 Minuten zu Fuß nach Russland latschen.
2. Australien liegt zwischen Südamerika und Afrika.
3. In Bayern kriegt man die besten Knödel auf der ganzen Welt.
4. Eisbären und Pinguine begegnen sich in der freien Wildbahn nicht.
5. Eine Weltreise auf einem Kreuzfahrtschiff ist superlangweilig.
6. Giraffen sind die größten Tiere der Welt.
7. Der größte Kontinent auf Erden ist Asien.
8. In Australien gibt es die interessantesten Tiere.
9. Man kann vom Mond aus die Chinesische Mauer sehen.
10. Nashörner sind direkte Nachkommen der Dinosaurier.
11. Die schönsten Berge der Welt gibt es in Österreich.
12. Akazienbäume in Afrika können über Gase miteinander kommunizieren.
13. Der Papst lebt im kleinsten Land der Welt.
14. Alle Haifische sind supergefährlich.
15. Die niedlichsten Tiere der Welt sind Erdmännchen.
16. Es gäbe genug Lebensmittel, um alle Menschen auf der Erde zu ernähren.
17. Die leckersten Früchte der Welt sind Birnen.
18. In Holland gibt es ein Dorf, in dem es keine Straßen gibt, nur Wasserkanäle.
19. Der längste Sandstrand Europas ist in Oberösterreich.
20. Die lustigsten Menschen Deutschlands sind die Ostfriesen.
21. Kamele lagern Wasser in ihren Höckern ab.

SUPERCHILLIG

Wie du entspannt durch den Tag kommst und der Angst ein Schnippchen schlägst

Löwen sind ja so clever, die schlafen am Tag 18 bis 20 Stunden und fühlen sich kein bisschen schlecht dabei, weil das für sie völlig normal ist. Manchmal verpennen sie sogar den ganzen Tag. Oder Faultiere: superputzig und superentspannt. In den vier Stunden, die sie am Tag wach sind, hängen sie irgendwo rum oder bewegen sich im superlangsamen Faultierbewegungsmodus. Der Mensch ist ein anderes Tierchen. Im ausgewachsenen Zustand braucht er etwa acht Stunden Schlaf pro Tag. Tagsüber bewegt er sich viel, gefolgt von Zeiten der Entspannung. Der Mensch hat ganz viele Wörter dafür: chillen, abhängen, die Beine hochlegen, verschnaufen, nichts tun, faulenzen, pausieren, relaxen, ausruhen – Nur vergisst er vor lauter Jubel, Trubel, Heiterkeit manchmal, das zu tun.

Warum ist es aber so wichtig für uns, dass wir uns entspannen? An einem ganz normalen Tag kann echt viel los sein. Da gibt es Lehrerinnen, die etwas von einem wollen, Werbebotschaften, die auf uns einprasseln, das Internet mit ständig neuen bunten Videos und Bildern, Freunde, die mal lieb, mal stressig sein können, den Lärmpegel am Schulhof, Busfahrpläne, Eltern, die manchmal genervt sind, Geschwister, mit denen man sich um das letzte Eis im Kühlschrank streiten muss, Hausaufgaben, das aktuelle Weltgeschehen und Hobbys, denen man nachgehen möchte ... Du kennst das.

Deinen Kopf kannst du dir wie einen Computer vorstellen. Wenn viele Programme gleichzeitig laufen und die Festplatte voll ist, kann es sein, dass der Computer nicht mehr ordentlich funktioniert. Daher sollte man die Festplatte von Zeit zu Zeit aufräumen, alle Programme schließen und den Computer neu starten. Wir Menschen machen das mit unserem Kopf, indem wir uns entspannen. Die Gedanken werden immer ruhiger und weniger. Wir haben dann wieder Zeit, an Schöneres zu denken. Wenn man das nicht macht und man zu lange angespannt ist, kann das zu Stress, Nervosität und Angst führen. Diese Zustände, vor allem Angst, hatten schon unsere Vorfahren früher in lebensbedrohlichen Situationen. Ohne sie wäre die Menschheit ausgestorben. Haben die Menschen in der Steinzeit Gefahr gewittert, wenn sie zum Beispiel in der Ferne einen Säbelzahntiger gesehen haben, dann wurden sie nervös. Dadurch hat ihr Körper sofort auf die drohende Gefahr reagiert: Ihr Blutdruck stieg an, der Atem wurde kürzer, die Pupillen weiter, das Herz schlug schneller. Sie waren aufmerksamer, konnten schneller reagieren und sich vor dem Säbelzahntiger ganz flink auf den nächsten Baum retten. Gut, gell?! Hätte unser Urururururururur...-Opa keine Angst gehabt und hätte sich gedacht: „Awww! ♥ Wie süß! Schau mal, so eine putzige Miezekatze! 😍“, wäre das nicht gut ausgegangen. Auch heute ist es manchmal noch gut, Angst zu haben, zum Beispiel vor bissigen Hunden, im Straßenverkehr oder vor Abgründen.

So ein bisschen Angst kann bei Prüfungen dazu führen, dass wir wacher und konzentrierter sind. Doch meist steht einem die Angst einfach nur im Weg, wenn wir uns beispielsweise in einer neuen Runde vorstellen sollen oder etwas machen, das wir vorher noch nie getan haben. Manchmal aber suchen wir den Nervenkitzel freiwillig, zum Beispiel bei Achterbahnfahrten oder wenn wir einer gruseligen Geschichte lauschen. Erst sind wir angespannt, und wenn wir dann merken, dass alles gut ist, macht sich ein wohliges Gefühl in uns breit. Das liegt am Sympathikus und Parasympathikus. Achtung! Erklärung!

Wenn wir richtig Angst bekommen oder gestresst sind, wird ein Nervensystem aktiviert, das sich Sympathikus nennt. Das sorgt dafür, dass du bei Gefahr schneller reagieren kannst. Du kannst dann im Affenzahn vor einer Gefahr fliehen oder besser kämpfen. Es gibt aber noch ein anderes Nervensystem in deinem Körper, das nennt sich Parasympathikus, und das sorgt dafür, dass du dich wieder erholst und entspannst. Man kann den Parasympathikus sogar bewusst einschalten. Wie das geht, zeige ich dir noch.

Die Angst kann ein sehr großes Gefühl sein, das kann dann sogar so weit gehen, dass einem kotzspeiübel wird oder man das Gefühl hat, dass man keine Luft bekommt. Wenn dieses große Gefühl öfter kommt und länger anhält, spricht man von einer Angststörung oder von Panikattacken. Davon sind viele Menschen betroffen. Dann hat man ungefähr zwanzig Minuten lang richtig dolle Angst. Die Angst haut zum Glück irgendwann wieder von alleine ab. Sie ist ein Gefühl, das wie alle anderen auch mit der Zeit wie eine Wolke am Himmel weiterzieht. Manchmal geht das schneller, als man denkt. Vielleicht kennst du das vor Prüfungen: Am Anfang ist man total nervös, und am Ende hat man schon wieder vergessen, was da vorher mit einem los war.

Für seine Ängste muss sich keiner schämen, ganz im Gegenteil: Es ist mutig und bärenstark, wenn man darüber reden kann. So zu tun, als hätte man keine Ängste, das kann jeder. Wenn man aber den Mut aufbringt, darüber zu sprechen, stellt man im Gespräch oft fest, dass die anderen die gleichen Ängste haben und man nicht allein damit ist. Manchmal merkt man auch, dass eine Angst, die sich innen drin wie ein Monster anfühlt, im Tageslicht betrachtet nur ein kleines Mäuschen ist.

Wir können dem Stress, der Nervosität und der Angst schon im Vorfeld ein Schnippchen schlagen, indem wir uns bewusst Zeit schenken. Das heißt, indem wir uns entspannen. Die meisten von uns gucken dann gerne auf einen Bildschirm, sei es, um eine Serie zu gucken, auf YouTube oder TikTok lustige Videos anzuschauen oder durchs Internet zu surfen. Das ist zwar sehr unterhaltsam, hat aber mit Entspannung wenig zu tun, da das Gehirn vielen Reizen ausgeliefert ist und dadurch auch wieder viel zu tun hat. Je weniger Reize unser Gehirn zu verdauen hat, umso eher kann es chillen. Daher ist Meditation so super fürs Gehirn, weil es da prima zur Ruhe kommt.

Viele denken, Meditation sei mordskompliziert, man müsse sich dafür erst wie eine Brezel verknoten und komische Sachen machen, dabei ist es sooooo babyleicht. Du kannst es jetzt schon richtig gut, auch wenn du vorher noch nie meditiert hast. Neugierig geworden?
Na dann, los geht's!

Schließe deine Augen für ein paar Sekunden und versuche, dich auf deine Atmung zu konzentrieren.

Ta-da! **Du hast gerade meditiert!** Der Trick bei der Meditation ist einfach, dass man dabei versucht, sich nur auf seine Atmung zu konzentrieren. Manchmal denkt man, man macht es falsch, weil beim Augenzumachen die Gedanken gerne abhauen und man sich gar nicht mehr auf die Atmung konzentriert. Dann gehen einem vielleicht so Sachen durch den Kopf wie: „Wo habe ich meinen Turnbeutel zuletzt hingehängt?“ Oder: „Ich brauche einen neuen Klebestift, mein alter ist ausgetrocknet.“ Das ist völlig normal, und das machen ALLE, die meditieren. Sogar die alten Meditationsmeister schweifen mit ihren Gedanken immer wieder ab. Wenn man das bemerkt hat, dann geht man einfach wieder dazu über, sich auf seine Atmung zu konzentrieren. Und weil’s so guttut, habe ich in der nächsten Challenge zwei lustige Atemmeditationen für dich. Für den Anfang reicht es, wenn du die Übungen zwei Minuten lang machst. Wenn du willst, kannst du mit der Zeit etwas länger meditieren. Mit diesen Übungen kannst du deinen Parasympathikus aktivieren, also dein gechilltes Nervensystem, von dem ich dir vorhin erzählt habe.

MEDITATIONS-CHALLENGE

Bei der **Kuscheltieratmung** kannst du sehr gut beobachten, wie sich dein Körper beim Atmen verändert. Du legst dich dazu auf den Rücken. Dein Lieblingskuscheltier kommt auf deinen Bauch. Dann schließt du deine Augen und atmest durch die Nase tief ein. Dabei hebt sich dein Brustkorb und dein Bauch und somit auch dein Kuscheltier. Beim Ausatmen durch die Nase senkt sich dein Bauch, und dein Kuscheltier geht auch nach unten. Auf und ab. Das sieht dann so aus, als würde es bei sachtem Wellengang durchs Meer schippern. Wenn du gerade kein Kuscheltier bei dir hast, kannst du auch deine Hand auf deinen Bauch legen und das Auf und Ab spüren.

Die Seifenblasenatmung macht man am besten im Sitzen. Also mache es dir bequem, und schließe deine Augen. Dann atme durch die Nase langsam ein und durch den Mund wieder aus. Stell dir beim Ausatmen vor, du machst gerade eine Seifenblase. Wow! Die ist ja riesig! Dein Atmen füllt die Seifenblase mit Frieden und Liebe. Dieses schöne Gefühl breitet sich dann um dich herum aus. Du wirst merken, dass du nach dieser Atemübung nicht nur entspannter bist, sondern auch etwas von diesem schönen Gefühl bei dir bleibt. Ganz schön wohlig, dieses Meditieren, nicht wahr?

Ich und die anderen

So klappt's auch mit dem Rest der Welt!

SUPERFREUNDE

Wie man gute Freunde findet und mit Streitereien umgeht

Als Kind fiel es mir schwer, richtige Freunde zu finden. Das lag auch daran, dass ich meine ersten Lebensjahre auf einem anderen Kontinent verbracht habe. Als ich in Österreich angekommen bin, stand ich erst mal allein auf dem Spielplatz: ein kräftiges, rotblondes Mädchen aus Südafrika mit einem komischen Akzent, dass noch nie Schnee gesehen hatte und von all dem Neuen total überwältigt war. Keiner wusste etwas mit mir anzufangen, und ich wusste nicht, wie ich jemals da reinpassen würde.

Warum sollte also dieses Mädchen von damals dir heute etwas zum Thema Freundschaft erzählen? Weil ich viele Höhen und Tiefen erlebt, daraus einiges gelernt und mittlerweile sehr liebe Freunde habe, die mir guttun — und ich ihnen auch.

Was die kleine, pausbäckige Tanja von damals noch nicht wusste und welche Fehler ich gemacht habe, die du jetzt vermeiden kannst, das erzähle ich dir jetzt.

Mit einem offenen Herzen rennt man meist auch offene Türen ein.

Früher war ich viel misstrauischer als heute. Das lag auch daran, dass ich oft ausgegrenzt wurde. Das Misstrauen war wie eine Art Schutzpanzer, damit ich nicht so schnell verletzt werden konnte, nur das Blöde daran war, dass man mit so einem Panzer die lieben Menschen auch wegstößt. Als würde man versuchen, mit einer Ritterrüstung jemanden zu umarmen. Das klappt nicht so gut. Wie schafft man es aber, aus dieser Ritterrüstung rauszukommen? Indem man netten Menschen zeigt, dass man interessiert an ihnen ist, und gut zuhört.

Danach kann man sich entscheiden, ob man einen neuen Freund gefunden hat oder eher nicht. Heute versuche ich, jedem freundlich zu begegnen, denn eigentlich wollen wir Menschen nur eins: gemocht werden.

Die beliebtesten Leute sind nicht automatisch die besseren Freunde.

Wer kennt sie nicht, die Supercoolen, mit denen jeder befreundet sein möchte? Aber warum sind die so supercool? Oft wirken sie sehr selbstbewusst, supertrendy, kennen sich mit irgendetwas total gut aus und sind womöglich noch richtige Sportskanonen. Und jetzt gucken wir mal, ob sie deshalb auch bessere Freunde sind:

Selbstbewusst: Piepschnurzegal, auch ein unsicherer Freund kann richtig lieb sein.

Supertrendy: Pupsegal, das kann sogar nerven, wenn jemand immer hip sein möchte.

Super-Auskenner: Wurschtpiepegal, jeder kennt sich mit irgendwas super aus.

Sportskanonen: Schnurzpupsegal, ist doch auch blöd, wenn der einen in allem plattmacht.

Egal, wie bewundernswert jemand ist, man sollte sich immer fragen: Geht's mir mit der Person wirklich gut? Wenn nicht, dann guck dir mal die leisen Mitschüler am Spielfeldrand an, die sind manchmal die viel netteren Leute. Sie fallen nicht so auf, weil sie nicht mit Konfetti um sich werfen, aber eine Chance sollte man ihnen auf jeden Fall geben. Um gut durch die Schulzeit zu kommen, reichen ein bis zwei gute Freunde, das haben Experten herausgefunden. Also lieber einen guten Freund als 24 trendige Bekannte.

Egal wie anders du dich heute fühlst, du wirst Freunde finden, die genauso anders sind wie du!

Ich wusste immer, dass ich ein bisschen anders bin – heute weiß ich, dass ich ADHS habe, und das ist gut so. Mit ADHS fällt es einem manchmal schwer, sich zu konzentrieren. Ich kann im Minutentakt von einem Gesprächsthema zum nächsten hüpfen, bin quirlig, chaotisch, feinfühlig und hab den Kopf voller Ideen. Manche Menschen finden das toll, andere anstrengend. Heute kenne ich viele, die so sind wie ich, und ich finde sie alle super! Wenn du dich anders fühlst, glaub mir, du wirst Menschen treffen, die so sind wie du – und die werden dein „Anderssein" superklasse finden, weil das die Welt ein bisschen bunter macht.

Wie sich gesunde und giftige Freundschaften anfühlen

Mit guten Freunden seine Zeit zu verbringen, ist superschön. Man fühlt sich danach richtig beflügelt. Jeder hat aber irgendwann mal einen Freund, mit dem sich das nicht so gut anfühlt. Zum Beispiel, wenn er dir nicht zuhört, dich ständig kritisiert, komische Spielchen spielt, eifersüchtig ist oder die ganze Zeit nur lästert. Das sind dann toxische Freundschaften, also giftige Freundschaften. Und die nagen an unserem Selbstbewusstsein. Man erkennt diese Art von Freundschaften auch daran, dass man häufig Angst hat, etwas Falsches zu sagen. Wenn das so ist, dann sollte man lieber Ausschau nach neuen Leuten halten.

Welche Art von Freunden hättest du denn gerne in deinem Leben?

Ich mag bei Menschen diese Eigenschaften gerne: **verständnisvoll, neugierig, tolerant, ehrlich, lustig und herzlich.** Wenn man weiß, welche Freunde man in seinem Leben haben möchte, findet man die auch schneller.

Sich nicht gegenseitig mit schlechter Laune anstecken

Es ist so befreiend, wenn man bei Freunden richtig schön Dampf ablassen kann. Wenn's in der Schule Stress gibt, die Eltern nerven oder die Geschwister doof sind. Über Probleme zu sprechen, ist wichtig. Nur sollte man dann auch wieder schöne Sachen miteinander erleben, das tut dem Jammerer und dem Zuhörer gut. Denn schlechte Laune ist auf Dauer leider ansteckend. Besser: mit Freunden nicht nur jammern, sondern auch Quatsch machen, lachen, reden, chillen, die Welt entdecken und jede Menge Spaß haben!

Nach einem Streit kann eine gute Freundschaft zu einer noch besseren werden.

Sich mit Freunden zu streiten, kann wehtun. Dort, wo Menschen zusammenkommen, gibt es aber immer mal Streit, weil Menschen verschiedene Meinungen und unterschiedliche Grenzen haben und sich jeder anders verhält. Manche streiten mehr, weil sie sich schneller aufregen, andere schlucken viele blöde Sachen runter und streiten seltener. Beides nicht so gut, die Mitte wäre super, und da gehört auch ein bisschen streiten dazu.

Warum streitet man sich eigentlich?

Hier die häufigsten Gründe:

Wenn man sich lange nicht getraut hat, Dinge anzusprechen, die einen stören.

Wenn jemand deine Grenzen überschreitet.

Wenn jemand nicht ehrlich ist.

Wenn jemand ein anderes Problem hat und die Schuld woanders sucht.

Hitzige Streitereien kann man erst aus dem Weg räumen, wenn jeder Zeit hatte, etwas abzukühlen.

Hirnforscher aufgepasst:

In der Abkühlzeit machen wir einen Ausflug in die unfassbar spannende Welt der Hirnforschung. Wenn man sich gerade über jemanden aufregt, macht es wenig Sinn, sich „auszusprechen“, das endet meist mit Zoff. Dann läuft nämlich unser Reptiliengehirn auf Hochtouren, das ist ein uralter Teil des menschlichen Gehirns. Der sitzt da, wo deine Wirbelsäule aufhört und dein Kopf anfängt. Dann will man entweder nur kämpfen, erstarren oder davonlaufen. Dann sagt man auch gerne mal unüberlegte Sachen, die man später bereut. Die schlaueren Gehirnteile machen nämlich dann ein Nickerchen. Es dauert ungefähr zwanzig Minuten, bis man sich wieder beruhigt hat und alle Teile wieder mitmachen, wie zum Beispiel der raffinierte präfrontale Cortex, das ist der Gehirnteil hinter deiner Stirn, der dir hilft, Streitigkeiten besser zu analysieren. Man kann das mit Atemübungen auch etwas beschleunigen, die findest du im Kapitel „Superchillig“. Wenn man sich dann aber wieder aufregt, geht das gleiche Spiel wieder von vorne los. Reptil am Start, die anderen Teile machen Siesta. In so einem Fall sollte man über einen Streit erst einmal schlafen, manchmal braucht es sogar ein paar Nächte mehr, bis man ruhig darüber sprechen kann. So viel zum Thema Hirnforschung.

So, abgekühlt. Wenn man dann mit dem anderen wieder auskommen möchte, sollte man das Gespräch suchen. Manchmal ist der andere noch immer sauer und kann noch gar nicht so gut zuhören. Dafür habe ich einen super Trick, den ich schon oft erprobt habe: sich einen alten Teekessel vorstellen. Ein wütender Mensch möchte, genau wie ein alter Teekessel, Dampf ablassen und pfeifen. Dabei sollte man versuchen, nur zuzuhören. Das ist gar nicht so einfach, aber wenn ich das kann, kannst du das auch.

Wenn der andere seinen Dampf abgelassen hat, kommt die Königsdisziplin: **Versuchen, den anderen zu verstehen**, dann ist der auch eher in der Lage, dich zu verstehen. Wenn beide die Sichtweise des anderen verstehen können, dann hat man nicht nur einen Streit aus dem Weg geräumt, sondern in Sachen Freundschaft einen großen Schritt nach vorne gemacht. Denn dann weiß man, dass die Freundschaft so schnell nichts umhaut, und vielleicht fällt es leichter, Probleme anzusprechen.

Manchmal schafft man es aber nicht mehr, nach einem Streit wieder befreundet zu sein, auch das erlebt jeder mal, und das darf auch sein. Wenn der andere die Schuld nur bei dir sucht und keinen Schritt auf dich zumachen möchte, wird es schwierig. Vielleicht merkt man auch nach der Abkühlung, dass es einem schon länger nicht gut ging in der Freundschaft und man sich das nicht mehr antun möchte oder dass die Verletzung so groß war, dass man nicht mehr befreundet sein möchte. Das tut zwar weh, aber nicht jeder Mensch passt für immer zu einem, und man merkt das erst nach einer gewissen Zeit. Man weiß danach aber besser, was einem wichtig ist in einer Freundschaft und was man braucht.

STREITSCHLICHTER – CHALLENGE

Wenn du mit jemandem Stress hast, dann kann diese Übung dir helfen, das Problem zu lösen. Das kann man mit Freunden, Eltern, Schulkollegen machen. Zum Üben kannst du es mal mit einem kleineren Problem versuchen.

Dazu nimmst du einen Zettel und malst darauf vier Felder.

Im ersten Feld versuchst du, das Problem zu benennen. Darunter schreibst du in ein Feld deinen Standpunkt und deine Gefühle, und in das andere Feld kommen die deines Freundes. Wenn ihr die dann nebeneinanderstehen habt, könnt ihr euch überlegen, auf welche Arten man das Problem nun lösen könnte. Wenn ihr das geschafft habt, dann klopft euch gegenseitig auf die Schulter.

Was ist das Problem?

Standpunkt von ______________________

Standpunkt von ______________________

Lösungsideen:

SUPERRESPEKT

Wie man respektvoll mit sich selbst und anderen umgeht

Beim Wörtchen Respekt denkst du vielleicht an eine Schuldirektorin, einen Polizisten oder eine Fahrkartenkontrolleurin. Respekt hat sich aber jeder von uns verdient, egal ob groß wie eine Giraffe oder klein wie eine Maus. Respektvoll sollte man nicht nur mit anderen, sondern vor allem mit sich selbst umgehen. Das macht man dann, wenn man gut zu sich selbst ist und seine Grenzen kennt und schützt. Das kann zum Beispiel so aussehen:

Milan hat einen Bruder, den Yasin. Yasin ist ein richtiger Wirbelwind und hat so viel Power wie zehn Kinder zusammen. Milan hat seinen Brudi lieb, nur manchmal ist ihm dieser Typ zu anstrengend. Anstatt mit ihm weiter zu toben, bis Milan ganz kaputt ist, sagt er: „So, ich kann jetzt nicht mehr. Tschüss mit ü und tschau mit au. Ich hau ab in mein Zimmer." In seinem Zimmer liest er in seinem Superhelden-Comic, weil ihm das guttut.

Milan ist respektvoll mit sich selbst umgegangen, weil er seine Grenze mitgeteilt hat und gut zu sich selbst war. Es wäre natürlich großartig, wenn alle Menschen respektvoll miteinander umgehen würden, nur ist das leider nicht immer der Fall. Manchmal ist man sogar versehentlich respektlos, wenn man unbeabsichtigt über eine Grenze trampelt wie ein Elefant. Das macht jeder mal, wirklich J-E-D-E-R.

Yasin merkt es gar nicht, wenn er seinem Bruder zu viel ist. Er könnte noch ewig so rumfetzen, weil er so viel Energie hat. Als Milan sagt, dass ihm das Spielen mit Yasin zu viel ist, antwortet Yasin ihm: „Milan, du bist so ein Weichei!"
Darauf wird Milan sauer und sagt: „Hau doch ab! Hier hält es sowieso keiner aus mit dir, du Nasenbär."

Wenn wir gekränkt sind, können wir manchmal richtig garstige Kartoffeln sein. Um mit Leuten gut auszukommen, sollten wir versuchen, die Gefühle der anderen zu verstehen. Manchmal ist das aber gar nicht so einfach, wenn man das Gefühl hat, dass der andere total spinnt, weil der wie eine beleidigte Leberwurst auf einen reagiert.

Wenn man den anderen aber lieb hat und mit ihm auskommen möchte, sollte man sich die Mühe geben, ihn zu verstehen. Das nennt man dann reflektieren, und das geht so:

Nachdem der Ärger etwas verflogen ist, versucht Yasin, die Situation zu verstehen. Beide haben blöde Sachen gesagt. Milan ist schon immer etwas ruhiger gewesen als er. Während Yasin auf jeden Baum klettert und in jede Pfütze springt, liest Milan lieber seine Superhelden-Comics oder spielt drinnen mit seinen Dinos. Yasin weiß, dass er mehr Energie hat als andere Kinder, und merkt an seinem Bruder, wie unterschiedlich Menschen sein können.

Yasin ist ein Supertyp, weil er erkannt hat, dass Milan mehr Ruhe braucht, und weil er auch verstanden hat, dass er mehr Energie hat als andere. Das wird ihm in Zukunft helfen, zu verstehen, wie er auf andere wirkt. Dass Yasin für manche zu viel ist, ist nicht schlimm, weil er so viele andere gute Eigenschaften hat: Er ist super witzig, eine Sportskanone und kann sich gut in andere hineinfühlen. Wenn man seine guten Eigenschaften kennt, kann man seine Macken viel besser akzeptieren.

Yasin tut das alles leid. Er würde sich gerne entschuldigen, weil er Milan richtig lieb hat, nur weiß er nicht wie.

Viele Menschen tun sich schwer, Entschuldigung zu sagen. Dabei ist es oft viel einfacher, sich zu entschuldigen, anstatt ewig weiterzustreiten oder beleidigt zu sein. Warum tun wir uns nur so schwer, uns zu entschuldigen? Weil wir Angst haben, dass der andere denken könnte, man sei allein schuld an einem Streit. Auch aus Angst, dass sich der andere dann wie ein Gewinner fühlt und man sich selbst wie ein Verlierer. Es gibt selten einen Streit, in dem nur einer allein alles falsch gemacht hat. Wenn man in einem Streit selbst gekränkt wurde, geht uns das Wörtchen „Entschuldigung" noch schwerer von den Lippen.

Es kostet Mut, sich bei jemandem zu entschuldigen. Die Schuld beim anderen zu suchen, ist viel einfacher, das hält uns aber davon ab, gute Freundschaften zu führen. Manche lernen das nie und haben dann ein Leben lang nur Zoff, bis sie alte Opas und Omas sind. Je mehr man sich selbst mag, umso leichter fällt es einem, sich zu entschuldigen.

Manche Entschuldigungen können aber richtig beleidigend sein und machen es nur noch schlimmer.

Weichei!!
STOP

Hier ein paar Beispiele, welche Entschuldigungen sich Yasin sparen kann:

- Wenn Yasin seinem Bruder trotzdem die Schuld gibt:

„Ich entschuldige mich für die bösen Worte, aber der Streit wäre nicht passiert, wenn du nicht so saublöd gewesen wärst.“

- Wenn Yasin nicht einsehen will, dass er etwas falsch gemacht hat:

„Ich weiß, dass du wegen irgendetwas rummotzt. Was auch immer das war – Entschuldigung.“

- Wenn Yasin sich nur entschuldigt, weil er von Milan etwas will:

„Sorry, Bruder! Sag mal, kannst du noch schnell meine Mathe-Hausaufgabe machen?“

- Wenn es Yasin nicht leidtut. Er rollt seine Augen und sagt:

„'schuldigung! Wie lange willst du denn noch beleidigt sein, hab mich doch schon entschuldigt.“

- Wenn Yasin in einem Atemzug auch eine Erklärung für sein Verhalten nachschiebt:

„Ich entschuldige mich für vorhin, aber ich war so stinke, als du weggegangen bist, dass ich nicht anders konnte, als dir zu sagen, dass du ein Weichei bist. Das verstehst du doch, oder?!“

Am schnellsten enttarnt man schlechte Entschuldigungen am Wörtchen „aber“. Nach „aber“ kommt meistens nichts Schlaues.

Es tut mir leid, aber ich muss schon sagen, dass du der größere Nasenbär bist.

Sodele, jetzt wissen wir, warum sich manche Entschuldigungen supermies anfühlen. Yasin will sich richtig entschuldigen. Daher schauen wir uns jetzt mal an, wie man das macht. Und zwar indem man zeigt, dass es einem leidtut, versucht, den anderen zu verstehen, und vielleicht auch Vorschläge macht, wie man so etwas in Zukunft vermeiden will.

„Es tut mir wirklich leid, was ich eben gesagt habe und dass ich oft nicht merke, wenn es dir zu viel ist. Ich bin traurig, wenn wir streiten. Wenn du deine Ruhe brauchst, dann schalte ich in Zukunft einen Gang zurück. O. k.?!"

Wenn Milan noch verletzt ist und nicht gleich mit Konfetti und Freude auf die Entschuldigung reagiert, dann darf er das auch. Nur weil man sich entschuldigt hat, heißt das leider noch nicht, dass der andere das dann gleich annehmen kann. Aber man hat etwas dazu beigetragen, dass sich die Situation wieder verbessert. Was der andere daraus macht, liegt nicht mehr in unserer Hand.

Da der Streit zwischen Milan und Yasin nicht so schlimm war, nimmt Milan die Entschuldigung an und sagt:

„Ach Brudi, alter Nasenbär, ist in Ordnung, lass uns ein Eis essen, und danach mag ich in meinem Superhelden-Comic weiterlesen, der ist gerade sauspannend.“

Milan hat wirklich Glück, Yasin als Bruder zu haben. Auch wenn er manchmal stressig ist, so kommt Yasin einen Schritt auf ihn zu. Das nennt man Charakterstärke. Aber manchmal ist die Situation viel verzwickter.

Vielleicht hast du schon mal den Spruch gehört: „Zum Streiten gehören immer zwei". Der ist so alt wie ein T-Rex-Fossil, aber deshalb noch lange nicht richtig. Manchmal kann einer allein schon einen Streit lostreten, indem er den anderen attackiert und nicht damit aufhört, gemein zu sein. Leider wollen manche Menschen immer recht haben, sogar wenn sie im Unrecht sind. Richtig wäre es, zu sagen:

Zum Streiten braucht man ein bis zwei Leute, aber für die Versöhnung braucht man immer zwei.

Sich selbst zu respektieren, heißt nämlich auch, dass man so etwas nicht mit sich machen lässt. Auch wenn es schmerzt, wenn eine Freundschaft zu Ende geht, so wächst an der Stelle irgendwann wieder etwas Neues nach. Wenn man respektvoll mit sich selbst umgeht, trifft man neue Leute, die keine Tomaten auf den Augen haben und sehen können, welch ein großartiges Gesamtkunstwerk man ist.

GESAMTKUNSTWERK-CHALLENGE

Jetzt kommt eine kleine Challenge, die dir helfen soll, zu erkennen, welch ein tolles Gesamtkunstwerk du bist.

Hier unten siehst du eine Sonne mit Sonnenstrahlen. Jeder Sonnenstrahl steht für eine Eigenschaft. Wir haben alle mehr gute Eigenschaften als nicht so gute. Wenn wir uns das bewusst machen, fällt es uns dann auch viel leichter, uns zu entschuldigen. Manche Macken sind für andere sogar liebenswert. Ich bin zum Beispiel manchmal recht laut, das kann andere zwar nerven, vor allem Menschen in der Bahn, aber jemand, der schlecht hört oder genauso laut ist, findet das super. Vielleicht hast du auch Lust, so eine Sonne mit deinen eigenen Eigenschaften zu machen.
Wenn du am Ende draufguckst, wirst du merken, welch ein tolles Gesamtkunstwerk du bist.

SUPERPOWER

Wie du mit Freundlichkeit alle umhauen kannst

In dir schlummert eine Superpower. Du kannst sie jederzeit einsetzen. Diese Superpower macht die stärksten Gegner platt und dein Leben um einiges bunter. Jetzt willst du bestimmt wissen, was das ist: **Freundlichkeit.** Ja, du hast richtig gelesen. Menschen, die freundlich sind und anderen helfen, haben mehr Energie, fühlen sich stärker und sind glücklicher. Freundlichkeit ist also nicht nur für andere gut, sondern vor allem für dich. Wenn jemand zu dir freundlich ist oder umgekehrt, bildet dein Gehirn einen Stoff namens **Oxytocin,** durch den wir uns **geliebter und selbstbewusster fühlen**.

Wissenschaftlerinnen haben glückliche Menschen (Glückskekse) mit schlecht gelaunten Menschen (Brotkrümeln) verglichen und festgestellt, dass Glückskekse die Welt als einen freundlicheren Ort wahrnehmen, sie verhalten sich nicht nur freundlicher, sondern bemerken auch schneller, wenn jemand freundlich zu ihnen ist. Dann wollten die Wissenschaftlerinnen die Brotkrümel ein bisschen glücklicher machen. Dazu sollten die Brotkrümel überlegen, wann andere zu ihnen freundlich waren. Erstaunlicherweise hat allein der Gedanke ans Freundlichsein die Brotkrümel schon ein bisschen glücklicher gemacht. Dann wurden sie losgeschickt, um fünf freundliche Taten an einem Tag zu verrichten. Und siehe da, auch das hat die Brotkrümel noch ein bisschen glücklicher gemacht.

Freundlichkeit macht dich nicht nur glücklicher, sie kann dich auch vor kleinen Ärgernissen schützen. Ähnlich wie ein Regenschirm, den man bei Regen aufmacht und an dem die Tropfen abperlen. Wenn du zum Beispiel höflich zu deinen

Nachbarn bist, sie freundlich grüßt und lächelst, verzeihen sie es dir womöglich eher, wenn du zwischendurch mal dein Lieblingslied laut aufdrehst und dabei dein Bett als Trampolin verwendest.

Sobald du Leuten freundlich begegnest, haben sie weniger Möglichkeiten, mit dir rumzustreiten. Freundlich zu sein, soll nicht heißen, dass man sich alles gefallen lässt. Mach das bloß nicht! Am allerwichtigsten ist es, dass du freundlich zu dir selbst bist, und da gehört es manchmal auch dazu, nicht so freundlich zu sein, zum Beispiel wenn wir anderen Grenzen setzen. Darüber erzähle ich gleich im Kapitel Superstopp noch einiges.

Bevor wir aber weiter über Freundlichkeit reden, kommen wir erst einmal zum Gegenteil, zur Unfreundlichkeit. Wenn dich jemand unfreundlich behandelt, dann kann es sein, dass du dich blöd fühlst und den Fehler bei dir suchst. Dabei sagt das oft gar nicht so viel über dich aus, sondern viel mehr darüber, wie es dem anderen gerade geht. Wenn man zufrieden mit sich und der Welt ist, dann wird man auch nicht so schnell gemein sein. Wenn man aber unzufrieden ist oder andere oft blöd zu einem waren, dann ist man auch eher gemein zu anderen. Hier ein paar Beispiele:

Quentin liebt Hunde. Er geht auf einen zu und möchte ihn streicheln. Der Hund hingegen sieht in Quentin eine Bedrohung und möchte auf ihn losgehen. Der Hund hat als Welpe schlechte Erfahrungen gemacht, darum hat er jetzt Angst vor Menschen. Obwohl Quentin nichts Schlimmes tut, wird der Hund böse. Keine Angst, sein Besitzer zieht den Hund an der Leine, und nix passiert. Aber ähnlich wie der Hund reagieren auch Menschen oft unfreundlich, wenn sie viele blöde Sachen erlebt haben.

In der U-Bahn wird Raphael ohne Grund von einer älteren Frau böse angeschnauzt. Raphael ist geschockt vom Verhalten der Frau. Was er nicht sehen kann: Die Dame ist überfordert vom Stress in der U-Bahn, das fühlt sich schrecklich an für sie. Raphael hat sie versehentlich mit dem Schulranzen gestreift. Das hat das Fass zum Überlaufen gebracht, und ihre schlechten Gefühle hat sie dann an Raphael ausgelassen. Raphael hat nichts falsch gemacht, die Frau war überfordert und hatte sehr schlechte Umgangsformen.

Toni ist sehr wissbegierig und stellt seinem Papa viele Fragen. Sein Papa reagiert genervt, so als wären die Fragen total doof. Toni fühlt sich danach gar nicht gut. Tonis Papa hat sich in der Arbeit tierisch über einen Kollegen aufgeregt und führt den Streit zu Hause in seinem Kopf noch weiter. Als Toni etwas fragt, ist der Papa noch im Streitmodus. Toni hat also nichts falsch gemacht – Papas Ärger richtet sich nicht gegen ihn, sondern gegen jemand anderen.

Nur weil andere Menschen Probleme haben, heißt das noch lange nicht, dass sie gemein sein dürfen. Aber vielleicht helfen dir diese Beispiele, zu verstehen, dass nicht du das Problem bist. Man muss die Probleme der anderen auch nicht immer verstehen, weil die oft so kompliziert sind, dass nicht einmal die Leute ihre eigenen Probleme verstehen. Daher sollte man sie einfach beim anderen lassen. Stell dir vor, die Probleme wären zwei stinkige Stinkstiefel, die du dem anderen wieder zurückgibst, und du sagst:

„Deine Stinkstiefel zieh ich nicht an, die sollen mal lieber bei dir weiterstinken."

Hier kommt ein Trick, der mir häufig hilft, wenn jemand stinkig ist: Ich frage den Stinkstiefel einfach, ob er heute einen schlechten oder stressigen Tag hat. Manchmal erzählen die Leute mir dann wirklich von ihrem Tag und sind danach wie ausgewechselt. Das klappt zwar nicht immer, aber oft. Ab und zu ärgert das einen Stinkstiefel noch mehr, aber dann ist es auch egal, was man sagt. Dann sollte man freundlich zu sich selbst sein und ihn mit seiner schlechten Laune alleine lassen, damit man am Ende nicht auch noch stinkig wird, denn das ist höchst ansteckend. Aber Freundlichkeit ebenso.

Bei kleineren Ärgernissen ist ein Lächeln oft der beste Weg, einem Stinkstiefel die Zähne zu zeigen.

Zum Beispiel bei einem übel gelaunten Busfahrer, der immer nur grummelt. Den kann man prima als Versuchsobjekt für eine eigene Freundlichkeitsstudie verwenden. Versuch einfach mal, wiederholt freundlich zu ihm zu sein, und guck, was mit ihm passiert. Oder Lukas aus der 5b, der auch immer so knurrig ist, vielleicht kannst du dem mit etwas Freundlichkeit den Wind aus den Segeln nehmen.

Freundlich zu sein, bedeutet auch, dass man eine innere Größe hat. Die innere Größe hat nichts mit der äußeren zu tun. Man kann einen Meter groß sein und mehr innere Größe als ein Zwei-Meter-Koloss haben. Wenn jemand Größe hat, dann ist er gut zu sich und den anderen. Im Alltag zeigt sich innere Größe unter anderem dann, wenn Menschen mit anderen mitfühlen und sich auch für Schwächere einsetzen. Malala Yousafzai ist zum Beispiel nur 1,61 cm groß, aber innerlich größer als die Zugspitze.

Freundlichkeit kommt manchmal zurück wie ein Boomerang. Vielleicht kommt sie nicht an Ort und Stelle zurück und auch nicht von derselben Person, zu der man freundlich war, aber irgendwann ist sie wieder da und strahlt dich an wie ein Honigkuchenpferd.

In den letzten Jahren haben viele Menschen weltweit mehr denn je verstanden, dass wir zusammenhalten müssen, weil wir nur gemeinsam Dinge ändern können. Unabhängig davon, welche Hautfarbe wir haben, welches Geschlecht, ob wir uns in Jungs, Mädchen oder beide verknallen, wie jemand aussieht, auf welchem Kontinent er oder sie geboren wurde, ob die Person arm oder reich ist …. **alle sind gleich, und alle wollen nur eins: geliebt werden.** Am besten fangen wir heute schon damit an, indem wir freundlich zu uns selbst und den anderen sind.

FREUNDLICHKEITS-CHALLENGE

Jeden Tag eine gute Tat. Viele Menschen leben nach diesem Motto und versuchen das jeden Tag einzuhalten. Das Beste daran: Es tut auch ihnen selber richtig gut. Nimm dir vor, in den nächsten sieben Tagen täglich eine gute Tat zu schaffen. Etwas, das du vorher noch nie getan hast.

Vielleicht magst du deiner Mama ein Kompliment machen, einem Freund eine lustige Karte schicken, deinen Platz im Bus für jemanden frei machen oder ein paar ausgemergelte Tauben im Park füttern.

Schreibe jede gute Tat in dein Tagebuch. Und wenn zu dir jemand freundlich war, dann schreib das auch hinein. Du wirst merken, dass du mit der Zeit einen freundlicheren Blick auf die Welt hast.

SUPERSTOPP

Wie du Grenzen setzen kannst und warum es superclever ist, sich Hilfe zu holen

Ein Seeungeheuer treibt an einem schönen Badestrand gerade sein Unwesen. Mit fürchterlichem Gebrüll versucht es, die Badegäste zu verjagen. Da kommst du angeflogen – tada! Mit einem Zauberstab zeichnest du vor dir eine Linie in den Sand – deine Grenze. Ein unsichtbarer Schutzschild baut sich entlang dieser Linie auf. Das Seeungeheuer versucht, dagegen anzukämpfen, aber jedes Mal, wenn es gegen diese Grenze stößt, spürt es einen kleinen Schlag. Autsch! Nach ein paar Versuchen gibt sich das Seeungeheuer geschlagen und kehrt zurück ins Meer.

Im wahren Leben gibt es keine Seeungeheuer, und die wenigsten von uns haben einen funktionierenden Zauberstab. Mist! Aber Grenzen, die uns schützen, findest du überall. Ein Warnschild schützt uns vor dem bissigen Hund. Auf der Autobahn schützen uns Leitplanken davor, nicht in andere Fahrzeuge zu donnern, und im Hallenbad schützt die Trennleine die Nichtschwimmer vorm tiefen Wasser.

Auch wir haben Grenzen. Du spürst sie, wenn jemand etwas macht, das sich für dich nicht richtig anfühlt. Wenn du das erkennst, ist es wichtig, dass du darüber sprichst. Jeder Mensch hat andere Grenzen. Der eine mag etwas nicht so schlimm finden, was die andere wiederum traurig oder stinkesauer macht. Indem wir miteinander reden und uns sagen, was wir mögen und was nicht, lernen wir einander besser kennen. Gucken wir uns aber erst einmal ein paar unterschiedliche Grenzen an:

Körper-Grenze: Ella findet es sehr unangenehm, gekitzelt zu werden, und mag es gar nicht, wenn Lotti das bei ihr macht.

! Alarmstufe Rot!
Wenn dich jemand berührt, ohne dass du es möchtest, dann sag das sofort deinen Eltern oder einer erwachsenen Person, der du vertraust.

Witz-Grenze: Mama macht vor ihren Freundinnen gerne Scherze, dass Philip bald in die Pubertät kommt, sie nennt ihn dann Puber-Tier. Philip fühlt sich dadurch nicht ernst genommen.

Kommando-Grenze: Lara schickt ihren kleinen Bruder Moritz im Freibad häufig los, Pommes für sie zu holen. Moritz fühlt sich wie ein Diener.

Angeber-Grenze: Lars und seine Familie fahren oft in den Urlaub. Pauls Familie nicht. Lars gibt mit den Urlaubsfotos gerne an, und Paul macht das traurig.

Ausschluss-Grenze: Sophie möchte Marie immer für sich alleine haben. Wenn Elif dabei ist, grenzt Sophie Elif häufig aus. Das verletzt Elif.

Kennst du die eine oder andere Situation? Wenn man sich nicht wehrt, machen einen Grenzüberschreitungen traurig, wütend, oder man fühlt sich einsam. Daher ist es wichtig, Grenzen zu setzen. Die Wörter, die man dafür braucht, sind recht kurz: „Nein“, „Stopp“, „Hör auf!“ oder „Halt! Grenze!“

Wenn du das sagst, versuche, ernst dreinzuschauen, damit der andere weiß, dass es dir wichtig ist.

Wenn du bei kleineren, nicht so schlimmen Grenzüberschreitungen freundlich, aber bestimmt eine Grenze setzen möchtest, dann geht das am besten, indem du erklärst, warum du das gerade blöd findest. So kann der andere verstehen, wie du dich fühlst. Danach solltest du aber klar und deutlich sagen, dass du das nicht mehr willst. Nehmen wir mal das Beispiel von Ella, die von Lara nicht mehr gekitzelt werden möchte. Das würde sich dann so anhören:

„Für mich ist das sehr unangenehm, wenn du mich kitzelst.

Lass das mit dem Kitzeln in Zukunft."

Erklärung

Klare Grenze

Oder Paul, dessen Mama sich über seine anstehende Pubertät lustig macht:

„Mich verletzt es, wenn du dich über mich lustig machst.

Lass die Witze auf meine Kosten in Zukunft."

Erklärung

Klare Grenze

Manchmal traut man sich nicht, dem anderen zu sagen, dass er zu weit gegangen ist, aus Angst, unhöflich zu sein. Davor musst du aber keine Angst haben, denn der andere hat die Höflichkeits-Regeln schon längst über Bord geworfen, indem er deine Grenze überschritten hat. Du solltest aber höflich zu dir selbst sein, indem du sagst: „Ich möchte das nicht!“

Wenn Leute zu viel von dir verlangen, kannst du auch auf lustige Art Grenzen setzen. Hier sind ein paar Ideen:

- **Ich kann das leider nicht machen, weil ich mein Einhorn Gassi führen muss.**

- **Schickst du mir das noch mal per E-Mail an aufgarkeinenfall@nein.de?**
- **Ich lese gerade das Buch mit dem Titel „Nein, so nicht“ von Prof. Dr. Niemals.**

- **Tut mir leid, aber mein Bock ist krank, und ich habe keinen mehr.**
- **Wenn Wonder Woman und Spiderman mitmachen, bin ich auch dabei!**

- **Ich habe gerade so viel um die Ohren, kannst du mich das noch mal in 30 Jahren fragen?**

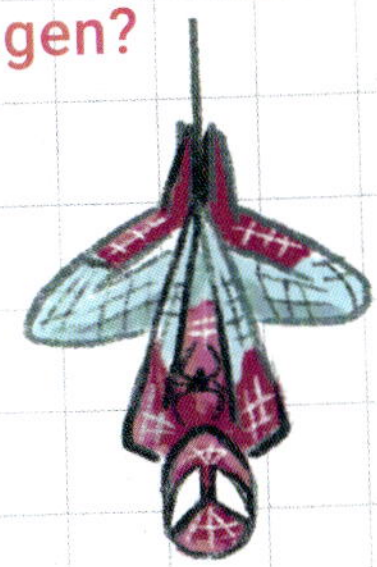

Das mit dem Grenzensetzen klappt oft nicht beim ersten Mal, denn es dauert manchmal, bis der andere das kapiert. Was machen wir aber, wenn sich die Grenzüberschreitung ganz schwer im Bauch anfühlt oder wenn du versucht hast, dich zu wehren, aber deine Gefühle einfach nicht respektiert werden? Oder wenn du Angst hast, weil der oder die andere einschüchternd auf dich wirkt? Dann ist es an der Zeit, sich Hilfe zu holen. Wie Superhelden das auch so machen:

- **Wenn Harry Potter mal wieder von Malfoy gemobbt wird, helfen ihm Ron und Hermine.**
- **Batman kann sich bei Ärger mit dem Joker auf Robin verlassen.**
- **Wenn Sängerin Billie Eilish blöde Kommentare abbekommt, ist ihr Bruder für sie da.**

Die Stärksten, Berühmtesten, Klügsten und Besten sind nur deshalb so stark, berühmt, klug und gut, weil sie Leute haben, die ihnen helfen.

Sich Hilfe zu holen, ist superclever.

Das machen Erwachsene auch, wenn sie zum Beispiel in der Arbeit von jemandem ständig gekränkt werden, dann ist es clever, zum Betriebsrat zu gehen – das ist jemand, der sich darum kümmert, dass die Angestellten einer Firma fair behandelt werden.

Ich bin im Internet schon mal von jemandem beleidigt worden und schnurstracks zur Polizei gegangen.
Es gibt immer irgendwo jemanden, der dir helfen kann, und es ist ein sehr gutes Gefühl, wenn man sein Problem nicht mehr mit sich allein rumtragen muss. Es ist sogar wichtig für uns alle, dass jeder einzelne sich gegen Grenzüberschreitungen wehrt und laut wird. Denn dadurch trägt man ein Stück dazu bei, dass die Leute mehr nachdenken und vielleicht so etwas auch bei anderen nicht mehr machen.

Sich Hilfe zu holen, hat auch gar nichts mit Petzen zu tun. Wir gucken uns mal den Unterschied zwischen „petzen“, „Zivilcourage haben“ und „Unterstützung holen“ an:

Petzen tut man dann, wenn man jemand anderen verrät, weil er etwas Blödes gemacht hat, obwohl keiner dabei zu Schaden gekommen ist. Man tut das nur, damit der andere Ärger bekommt.

Zivilcourage haben alle Superhelden. Die hat man dann, wenn jemand etwas Blödes gemacht hat, ein anderer darunter leidet und man dann hilft oder Hilfe holt.

Unterstützung holt man sich dann, wenn jemand etwas Blödes gemacht hat, man selbst darunter leidet und man sich dann Hilfe holt, weil man sich allein nicht zu helfen weiß. Clever eben.

Jedes Kind hat ein Recht darauf, sich geborgen und sicher zu fühlen, das steht sogar in den internationalen Kinderrechten. Du hast dir jede Unterstützung verdient – hol sie dir, wenn du sie brauchst, wie ein Superheld! Ta-da!

BFF-GRENZFRAGEN-CHALLENGE

Hast du Lust, dich und deine Freunde noch besser kennenzulernen? Dann sind die BFF-Grenzfragen genau das Richtige für euch. Das geht übrigens auch mit Geschwistern, Mitschülern und Eltern. Stellt euch die Fragen am besten gegenseitig.

- Was kannst du gar nicht ausstehen?
- Fällt es dir eher leicht oder schwer, Nein zu sagen?
- Wie geht es dir, wenn du ein Nein von jemand anderem hörst?
- Ist bei dir schon mal jemand zu weit gegangen, und du hast dich nicht gewehrt?
- Was hättest du sagen können, um dem anderen zu zeigen, dass er eine Grenze überschritten hat?
- Was kannst du machen, wenn der andere deine Grenze nicht respektiert?
- Was kannst du machen, wenn du versehentlich eine Grenze überschritten hast?
- Was kannst du machen, wenn du siehst, dass jemand die Grenzen eines anderen überschreitet?
- In welcher Situation und zu wem ist es schwieriger, Nein zu sagen?
- Welche Erwachsenen in der Familie und in der Schule würdest du um Hilfe bitten?
- Wie sprecht ihr das in Zukunft an, wenn jemand von euch beiden versehentlich eine Grenze des anderen überschreitet?

Und jetzt freut euch, dass ihr euch noch ein kleines bisschen besser kennt. Juhu! Ihr dürft euch gerne kurz knuddeln, aber nur wenn beide das wollen.

Ich bin genug!

So lernst du zaubern!

SUPERGEDANKEN

Wie du dir selbst ein guter Freund sein und sogar dein Gehirn verändern kannst

Menno! Bei Lilly läuft es in Mathe gerade gar nicht gut, obwohl sie eigentlich immer auf einer Drei stand. Sie war ausgerechnet in der Stunde krank, in der Frau Bauer diese komischen Formeln drangenommen hat. Du musst wissen, die Bauer ist superstreng und erklärt superkompliziert. Lilly versteht nur „plus minus Bahnhof mal Bahnhof geteilt durch Bahnhof". Alle ihre Freunde haben die Bauer verstanden, nur Lilly scheint auf dem Schlauch zu stehen. Jetzt hat sie auf die letzte Schulaufgabe auch noch eine glatte Fünf geschrieben.

Was, glaubst du passiert, wenn Lilly sich Folgendes sagt?: „Ich bin ein Mathe-Depp und werde den Kram nie und nimmer kapieren!" Es wird wahrscheinlich immer schwieriger für sie, sich mit den Formeln anzufreunden, und irgendwann glaubt sie das wirklich, dass sie ein Mathe-Depp ist. Sie stöhnt schon, bevor die Stunde überhaupt angefangen hat, und ihr Kopf macht dicht, wenn die Bauer durch die Tür reinkommt.

Die meisten von uns sind ein bisschen so wie Lilly, denn es ist gar nicht so einfach, bei einer Fünf positiv zu bleiben. Manchmal sind die Dinge blöd, doof und bäh. Die Frage ist nur: Bin ich dann ein Vogel Strauß oder ein Superheld? Der Vogel Strauß steckt bei Gefahren den Kopf in den Sand und sagt sich: „Das bleibt jetzt so blöd, doof und bäh, und ich kann nichts daran ändern." Oder man sucht wie ein Superheld nach einer cleveren Lösung und sagt sich: „Das ist vielleicht blöd, doof und bäh, aber ich mach da jetzt das Beste draus und finde eine super Lösung."

Was, glaubst du also, würde passieren, wenn sich Lilly wie ein Superheld sagen würde: „Klar, ist doof gelaufen, aber von hier aus kann es nur noch besser werden. Ich stelle so lange Fragen, bis es mir mal jemand ordentlich erklärt hat und ich es kapiert habe."
Besser, oder?!

Bei einem coolen Gedanken-Experiment aus Amerika haben Wissenschaftler herausgefunden, dass wir mit guten Gedanken bessere Testergebnisse erzielen können. Dazu haben sie 200 Kinder im Alter von 10 Jahren vor einem Mathetest in drei Gruppen aufgeteilt. Die Kinder in der ersten Gruppe sollten sich immer wieder sagen: „Ich werde mir Mühe geben." Die zweite Gruppe sollte sich sagen: „Ich bin gut in Mathe." Und die dritte Gruppe sollte sich gar nichts sagen. Welche Gruppe, meinst du, hat am besten abgeschnitten? Es war die erste, die sich gesagt hat: „Ich werde mir Mühe geben", weil die Kinder nach Lösungen gesucht haben und sich einfach mehr angestrengt haben.

Viele Menschen kritisieren sich selbst ganz schlimm, wenn sie mal etwas versemmelt haben, und sagen sich dann so Sachen wie: „Ich bin ein Loser!" oder „Ich werde das nie lernen". Dann redet der innere Kritiker in einem, der manchmal ein ganz gemeiner Hanswurst sein kann. So einen Hanswurst hat jeder Mensch in sich. Wenn der Hanswurst so fieses Zeug sagt, ist es an der Zeit, dass man sich selbst ein guter Freund ist und sich sagt: „Hanswurst! Stopp! Fehler hin oder her, ich bin super, so wie ich bin, und werde es beim nächsten Mal besser machen." Wenn man etwas lernen will, dann gehört es nun mal dazu, Fehler zu machen. Wenn du also das nächste Mal etwas vermurkst, versemmelst, verpeilst oder verdaddelst, dann sei dir ein lieber Freund und rede dir gut zu!

So, und jetzt rahmen wir ein paar Bilder gemeinsam um. Das geht so:

Indem wir blöden Situationen einen neuen Rahmen verpassen, sehen die nicht mehr ganz so blöd aus. Dieses Umrahmen von Situationen nennt man im Englischen **Reframing**. Dazu suchst du wie ein Detektiv nach Beweisen, dass die blöde Situation vielleicht doch nicht nur blöd ist. Ich zeige dir mal, wie das mit dem Umrahmen und den Beweisen so geht:

Situation	Gedanken, die nicht helfen – alter Rahmen	Beweis, dass es nicht so ist	Gedanken, die helfen – neuer Rahmen
Lilly schreibt eine Fünf.	Lilly denkt sich: „Ich bin ein Mathe-Depp und werde das nie und nimmer verstehen."	Sie ist bisher mit einer Drei immer gut mitgekommen.	„Ich werde so lange nachfragen, bis ich es verstanden habe, denn bisher habe ich alles andere auch super kapiert."
Philip hat sich mit Toni verkracht.	Philip denkt sich: „Wenn Toni mich nicht mehr mag, dann habe ich keine Freunde mehr."	Moritz wollte mit ihm letzte Woche Fußball spielen.	„Der Moritz ist ja auch noch da. Jetzt kann ich den besser kennenlernen."
Paula hat sich in Marvin verliebt, doch der möchte noch keine Freundin.	Paula sagt sich: „Mit mir stimmt etwas nicht, weil mich Marvin nicht zur Freundin haben will."	Marvin versteht sich gut mit Paula, aber er fühlt sich eben wirklich noch zu jung für eine Freundin.	„Irgendwann habe ich einen Freund, der mich so mag wie ich ihn. Dann verknallen wir uns volle Möhre ineinander."
Die S-Bahn Richtung Schule ist ausgefallen, und Basti kommt 15 Minuten zu spät.	Er kriegt Panik und denkt sich: „Nur mir kann so etwas passieren. Ich werde von der Frau Bauer so schlimm Ärger bekommen."	Andere Schüler und ein Lehrer nutzen dieselbe Bahn und kommen auch zu spät.	„Dafür kann ich nichts, die anderen kommen auch zu spät. Ich versuche, mich zu entspannen, und höre ein bisschen Musik."

Dir fallen bestimmt ein paar Situationen aus deinem Leben ein, denen man einen schöneren Rahmen verpassen könnte. Das Umrahmen kann man ganz gut in seinem Tagebuch machen, so wie ich das oben gemacht habe.

Wir können mit guten Gedanken nicht nur den Hanswurst-Kritiker zum Schweigen bringen, sondern auch **unser Gehirn positiv verändern**. Verrückt, nicht wahr? Stell dir das so vor: Wenn du mit ein paar Leuten oft genug über eine Wiese trampelst, entsteht da irgendwann mal ein Pfad. Ähnlich ist das mit deinem Gehirn. Die Nervenzellen in deinem Gehirn bilden nämlich auch andauernd so Pfade. Wenn du dir immer wieder gute Sachen denkst, entstehen in deinem Gehirn dann Pfade, die dafür sorgen, dass du dich stärker und selbstbewusster fühlst. Wenn du dir aber hanswurstige Sachen sagst, werden Pfade gebildet, die dich ängstlicher machen und verunsichern. Daher lass uns jetzt mal ein paar prächtige Gehirnpfade bilden.

SUPERGEDANKEN-CHALLENGE

Gehirnpfade entstehen, wenn wir die Gedanken regelmäßig wiederholen. Du kannst die Gedanken da unten nehmen, oder du schreibst eigene auf, die dir guttun. Du kannst sie in dein Tagebuch schreiben, oder auf Karteikarten, und sie dir täglich durchlesen, zum Beispiel direkt nach dem Aufstehen. Man nennt diese Gedanken auch Affirmationen, aber weil sich das keiner merken kann, nennen wir sie einfach Supergedanken.

Ich entdecke immer wieder neue Stärken an mir.

Ich bin mir ein guter Freund.

Ich kann mehr, als ich mir denke.

Ich muss niemandem etwas beweisen und bin immer gut genug.

Meine Stimme ist wichtig.

Ich bin liebenswert und habe auch andere lieb.

Ich bin stark und kann Nein sagen, wenn ich mich unwohl fühle.

Ich bin clever und frage um Hilfe, wenn ich sie brauche.

Ich habe schon einiges geschafft und werde auch in Zukunft einiges schaffen.

Ich glaube an mich.

Ich bin richtig, wie ich bin.

Ich bin froh und dankbar.

Ich bin dankbar für meinen Körper.

Ich habe eigene Stärken.

Herausforderungen machen mich nur stärker.

Ich liebe es, Dinge auszuprobieren und dazuzulernen.

Ich bin super, so wie ich bin.

Ich kann viele Dinge gut.

Ich liebe meine Persönlichkeit, so wie sie ist.

Ich bin einzigartig und wertvoll.

SUPERGENUG

Warum es schlau ist, Fehler zu machen, und du auch ohne Höchstleistungen ganz prima bist.

Ich mag viel geliebte, zerknuddelte Teddybären mit nur einem Auge, ein bisschen Chaos um mich rum, schusselige Leute mit Herz, Sturmfrisuren, trockene Kekse und geflickte Lieblingsklamotten. Der viel geliebte Teddy mit nur einem Auge ist ein treuer Wegbegleiter, die trockenen Kekse sind in ein bisschen Milch eingetunkt superfluffig, die Sturmfrisur und das Chaos erinnern mich daran, dass ich Besseres zu tun habe, als mich mehrmals am Tag zu kämmen und ständig aufzuräumen. Alles voll super, gell?! Alles nicht perfekt und trotzdem prima. Dieses „alles perfekt haben wollen" nennt man Perfektionismus. Das kann sehr anstrengend sein, wenn man immer alles gebügelt, picobello sauber und gekämmt haben will. Dabei liegt so viel Schönheit im Nichtperfekten und Unvollkommenen.

Wenn man etwas Neues erlernt oder ausprobiert, gehört es dazu, erst einmal Fehler zu machen. Fehler machen heißt nämlich auch, dass wir dazulernen und uns dadurch verbessern. Das hat schon einer der schlauesten von den ganz arg Schlauen gesagt, nämlich Superhirn Albert Einstein:

Nehmen wir mal an, wir lernen eine neue Sprache. Dazu müssen wir die Wörter, die Grammatik und die Aussprache büffeln. Bis wir uns in der Sprache unterhalten können, dauert das. Wenn man von Anfang an keine Fehler machen möchte, setzt man sich ganz schön unter Druck, und das macht dann nicht so viel Spaß. Wenn ich mir aber erlaube, Fehler zu machen, kann das ein spannendes Abenteuer werden. Ich kann mit der Sprache herumkaspern, auch wenn mich keiner versteht und ich noch meine Hände und Füße dazu brauche. Ich kann mir Zeichentrickfilme in der Sprache anschauen, Kinderbücher ausleihen, Musik hören und falsch in der Sprache mitsingen. Es kann superlustig sein, Dinge nur halb gut zu machen.

Wir dürfen uns auch für ein halb aufgeräumtes Zimmer, ein unvollkommenes Bild und holprig gespieltes Musikstück auf die Schulter klopfen, denn auch auf mittelgute Ergebnisse darf man stolz sein. Wenn du merkst, dass du mit einem Ergebnis nicht so zufrieden bist und dich deshalb schlecht fühlst, kannst du dir einen lieben Satz zurechtlegen, den du dann immer wiederholst. So einen lieben Satz nennt man **Mantra**. Ich habe auch so ein Mantra: „Gemacht ist besser als perfekt.“ Der stammt von einer Businessfrau namens Sheryl Sandberg, und den sag ich mir immer, wenn ich mal wieder zu streng mit mir bin. Denn wenn ich etwas gemacht habe, fühlt sich das richtig gut an, das motiviert mich und gibt mir **Selbstvertrauen**. Das ist viel wichtiger als Perfektion.

Meine großen Lehrmeister im Umgang mit Fehlern sind **Babys.** Wenn sie anfangen, ihre ersten Schritte zu machen, plumpsen sie andauernd hin, stehen wieder auf und plumpsen wieder hin. Sie lachen, weinen, schreien, kriegen blaue Flecken, plumpsen, aber machen immer weiter. Ein Baby sieht darin keinen Fehler, wenn es hinfällt, sondern es sieht nur, dass es von Mal zu Mal besser wird, und ist davon angespornt, weiterzumachen. Ein Baby hat auch noch keinen inneren Hanswurst-Kritiker, der ihm sagt: „Mensch, Baby, bist du schon wieder hingeplumpst! Lass es, das wirst du nie schaffen." Das Baby will einfach nur Schritt für Schritt besser werden. Wie Babys sollten wir uns auch ausprobieren, hinfallen, Fehler machen, wieder aufstehen, weitermachen und Freude an der Sache haben. Wie die Superheldin **Eleanor Roosevelt** schon einmal gesagt hat:

„Die Zukunft gehört jenen, die an die Schönheit ihrer Träume glauben."

FOTO-CHALLENGE

Wir machen jetzt eine Foto-Schnitzeljagd.

Dazu fotografieren wir Sachen ab, die weder perfekt noch fehlerfrei sind, aber trotzdem großartig! Wenn du willst, kannst du die Bilder danach ausdrucken und eine Collage daraus machen. Ich habe ein paar Ideen gesammelt von Dingen, die du abfotografieren könntest, du kannst aber natürlich ganz andere Sachen fotografieren. Die Bilder sollen dich daran erinnern, wie schön das Nichtperfekte und Unvollkommene sein kann.

- Ein Kuscheltier, das zerknuddelt, aber sehr liebenswert ist.
- Ein gemaltes Bild aus Kindergartentagen, das nicht perfekt, aber supersüß ist.
- Ein Tier, das keinen Schönheitswettbewerb gewinnen würde, aber super ist.
- Ein Kleidungsstück, dass du liebst, das aber schon Macken hat.
- Ein Buch mit Eselsohren und Lesespuren, dass du richtig magst.
- Ein Foto von einem Tag, der trotz schlechtem Wetter richtig super war.
- Ein Spielzeug, das alt und abgenutzt ist, mit dem du aber noch richtig viel Spaß hast.
- Ein Bild von jemandem, den du lieb hast, obwohl er oder sie ein paar liebenswerte Macken hat.
- Ein Selfie von dir mit einer verwurstelten Frisur, vielleicht gleich nach dem Aufstehen.

SUPERDANKBAR

Wie du deine Welt mit nur einem Wort verzaubern kannst

Ich verrate dir jetzt mal ein Geheimnis: Du kennst schon lange ein megagutes Zauberwort, das du schon ganz oft in deinem Leben gesagt hast. Es ist das kleine Wörtchen **„Danke“**.

Jetzt fragst du dich bestimmt, was an dem Wort **„Danke“** so megagut und zauberhaft sein soll? Danke sagt man doch andauernd, und nix passiert. Der Zauber funktioniert nur, wenn du ganz oft dankbar bist für das, was du erlebst. Menschen, die dankbar sind, können besser schlafen, leben gesünder und kommen besser mit den anderen aus. Das behaupte nicht nur ich, das haben richtig viele schlaue Wissenschaftlerinnen schon vor mir gesagt. Die haben sogar herausgefunden, dass man auch durch Dankbarkeitsübungen die Struktur unserer Gehirne verändern kann, und zwar so, dass man glücklicher wird. Danke kann so ziemlich alles. Und jetzt soll noch mal einer sagen, dass man damit nicht megagut zaubern kann.

Dankbar zu sein, ist eigentlich ganz easy, man muss es nur zur **Gewohnheit** werden lassen. Um dankbar zu sein, braucht man nicht viel Geld oder viele Freunde. Jeder kann dankbar sein. Nur manchmal, wenn's einem nicht so gut geht und alles gerade doof, doof, doof ist, dann fällt es uns nicht so leicht, dankbar zu sein. Wenn du aber ein bisschen nachdenkst, dann findest du bestimmt viele Dinge, für die du trotzdem dankbar sein kannst. Lass uns doch mal gemeinsam auf die Suche gehen. Du wirst gleich merken, dass du für vieles im Leben dankbar sein kannst.

Du liest dieses Buch, also kannst du dankbar sein, dass du lesen gelernt hast. Voll gut von dir! Außerdem kannst du dankbar sein, dass du Zugang zu Büchern hast, das haben viele Kinder nämlich nicht. Du hast bestimmt einen Menschen, der richtig lieb zu dir ist, für diesen Menschen kannst du dankbar sein. Wie sieht es mit deinen Sachen aus, welches Spielzeug magst du besonders gern? Auch dafür kannst du dankbar sein. Scheint heute die Sonne, oder ist das Wetter nicht so toll? Du kannst entweder dankbar für das schöne Wetter sein, oder dankbar, dass du es dir drinnen gemütlich machen kannst.

Du lebst wahrscheinlich in einem sicheren Land, das Glück haben viele Menschen nicht. Also kannst du auch dankbar dafür sein, hier zu leben. Wahrscheinlich bist du schon ganz hibbelig, und dir fallen jetzt ganz viele andere Sachen ein, für die du dankbar sein kannst. Wenn du willst, kannst du jetzt eine Liste schreiben mit den Dingen, für die du dankbar bist. Ich warte so lange hier und schreibe auch so eine Liste.

Dankbar zu sein, heißt aber nicht, dass man alles immer nur super finden muss, was einem im Leben so passiert. Manche Dinge sind einfach doof und bleiben auch doof. **Dankbarkeit** schult nur unseren Blick, damit wir besser sehen können, was neben dem Doofen auch noch gut läuft. Mit etwas Übung ist das dann so, als hätte man eine Brille auf, mit der man das Gute besser und schneller sehen kann.

Bis das passiert, muss Dankbarkeit wiederholt werden, und zwar täglich. Deshalb habe ich hier zwei Dankbarkeits-Challenges, mit denen du dein Leben verzaubern kannst:

1. VERZAUBERE DEINEN ABEND MIT DANKBARKEIT

Schreibe dir jeden Abend vorm Einschlafen drei Dinge auf, für die du an diesem Tag dankbar warst. Mit guten Gedanken im Kopf schläft man nämlich besser ein. Hier sind ein paar Beispiele:

- *Ich bin dankbar, dass es heute Mittag Spaghetti mit Tomatensoße gab.*
- *Ich bin dankbar, dass ich heute so schön mit Sarah quatschen konnte.*
- *Ich bin dankbar, dass wir heute Kunstunterricht hatten und etwas Schönes gemalt haben.*

2. VERZAUBERE DIE ANDEREN MIT DANKBARKEIT

Vielleicht kommt man sich bei der nächsten Übung am Anfang etwas komisch vor, aber versuche mal, den Menschen um dich herum zu sagen, wofür du ihnen dankbar bist. Am Anfang geht einem das vielleicht noch nicht so leicht von den Lippen, aber mit etwas Übung wirst du zum Dankbarkeitsprofi. Sag zum Beispiel:

zu Papa: Danke, dass du heute Spaghetti gemacht hast. Die waren sooo lecker!

zu Sarah: Danke, dass ich mit dir immer so toll quatschen kann!

zum Kunstlehrer: Danke, dass wir gerade so etwas Tolles malen können, das macht richtig Spaß!

Und jetzt kommt auch noch ein Danke von mir:

Danke, dass du du bist!

SUPERHAPPY

Wie du das Glück im Inneren findest

Glück ist das wohl schönste Gefühl auf Erden, davon möchte jeder Mensch etwas haben. Glücklich ist man dann, wenn es einem über einen längeren Zeitraum richtig gut geht und man sehr zufrieden ist. Manchmal kommt das Glück aber auch nur für einen kurzen Augenblick vorbei. Solche **Glücksmomente** verspürt man häufig, wenn man etwas Schönes macht. Ich habe das oft, wenn ich in einen klaren See reinspringen kann. Andere spüren das, wenn sie Musik machen oder wenn sie mit ihren Inlinern durch die Gegend sausen.

Manchmal heben wir uns das Glück für später auf, weil wir glauben, dass wir erst dieses oder jenes erreichen müssen, um glücklich sein zu dürfen. Wir denken dann so Sachen wie „Wenn ich ganz viele Freunde habe, dann bin ich glücklich!“ oder „Wenn ich ein Pony habe, dann ist alles gut“. Manche denken sogar „Wenn ich ein riesiges Schiff besitze, dann geht's mir prima“. Nur was passiert in der Zwischenzeit, in der wir nicht so viele Freunde, kein Pony und statt einem Schiff nur eine Luftmatratze haben? Sind wir dann unglücklich? Oder noch schlimmer: Wenn man all das nie bekommt, ist man dann für immer unglücklich? Das wäre ein Riesenquatsch, oder?!

Wenn sich ein Wunsch erfüllt, merken wir oft, dass uns das nur kurz froh macht. Du hast bestimmt so ein Spielzeug zu Hause, das du dir ganz lange gewünscht hast und das jetzt irgendwo in einer Kiste verstaubt. Solche Kisten mit verstaubten Wunschspielsachen hat jeder von uns. Wenn es uns nicht mehr glücklich macht, wollen wir wieder etwas Neues, und so geht das dann immer weiter. Wenn man am Ende dann ganz viele ehemalige Wunschsachen hat, merkt man womöglich, dass die richtig nerven können. Ich hatte früher die Bude voll mit allerhand Wunschsachen und wollte noch mehr haben. Mittlerweile weiß ich aber, dass mich **weniger** glücklicher macht.

Stell dir mal ein Haus vor, das pickepackevoll mit Sachen ist. So voll, dass man fast keinen Platz mehr zum Spielen hat. Da stehen schöne und nicht so schöne Sachen rum. Die nicht so schönen Sachen verstellen den Blick zu den schönen, und man vergisst die schönen ganz. Wenn man etwas hervorkramt, sieht es gleich megaunordentlich aus. Manche Sachen wollen abgestaubt und aufgeräumt werden, andere brauchen Batterien oder wollen repariert werden. Für die tollen Ideen, die du im Kopf hast, ist in diesem Haus wenig Platz.

Und jetzt stell dir dasselbe Haus noch einmal vor: Es ist viel leerer. Auf einen Blick siehst du schöne Dinge oder solche, die du wirklich brauchst. Du hast ausreichend Platz zum Spielen, und deine Ideen dürfen Purzelbäume machen, wenn sie wollen.

Wo würde es dir besser gefallen? Wahrscheinlich dort, wo man die schönen Sachen sieht und die Ideen Purzelbäume machen können, oder? Nachdem ich mich von einigen Sachen getrennt habe, habe ich gemerkt, wie wenig ich eigentlich brauche, um glücklich zu sein. Wenn du auch ein bisschen mehr Platz haben möchtest, kannst du mal deine Sachen durchgehen und dich bei jedem Teil fragen: „Macht mich das glücklich?" Wenn nicht, dann tschüss, du Teil. Die Sachen kann man dann verschenken, verkaufen, tauschen oder entsorgen. Das kann sogar richtig Spaß machen, wenn man merkt, dass man anderen damit eine Freude machen kann. Am Schluss bist du dann nur mehr von Sachen umgeben, die dich froh machen oder die du wirklich gebrauchen kannst. Yippie!

Auf der Suche nach dem Glück hetzen wir oft von einer Sache zur nächsten und merken gar nicht, wie glücklich wir schon vorher hätten sein können. Beim Hetzen hat man nämlich keinen Blick für die kleinen Überraschungen, die das Leben tagtäglich für einen bereithält, weil man ja immer schnell weitermuss. So kleine Überraschungen können sein:

- **die Sonne, die dir ins Gesicht scheint**
- **das freundliche Lächeln einer Passantin**
- **der frische Duft in der Luft nach einem Regenschauer**
- **das Vögelchen, das so lieb zwitschert**
- **das Glitzern der Sonne im Wasser**
- **die Spaghetti Bolo, die so gut schmecken**
- **der Badeschaum, der so gut duftet**
- **die Umarmung von Papa**
- **das Lied, zu dem man auf dem Wohnzimmerteppich tanzen kann**
- **der Schluck Wasser, der gerade so erfrischend ist**
- **die frische Bettwäsche, die noch so schön knistert**
- **der Tee, der so schön warm in den Bauch läuft**
- **der Mensch, der sich Zeit für dich nimmt**
- **die wilden Blumen, die auf einer Baustelle einfach so blühen**

Und das Schönste daran: So Sachen sind immer da, man muss sie nur sehen wollen.

Es ist es ein Riesenquatsch, *sein Glück* von Gegenständen oder anderen Menschen abhängig zu machen. Lieber jetzt schon *glücklich sein* und sich über kleine Überraschungen freuen.

Warum fällt es uns aber so schwer, glücklich zu sein? Es ist menschlich, sich Sorgen zu machen. Wie ich im Kapitel Superchillig schon erklärt habe, war die Angst in der Steinzeit überlebenswichtig, um uns vor Gefahren zu schützen. Sich Sorgen zu machen, war genauso wichtig, weil wir dadurch vorsichtiger wurden. Jetzt sind wir aber nicht mehr denselben Gefahren wie damals ausgeliefert, und trotzdem sind wir manchmal ganz schön negativ.

Was hilft da? **Das Gute zur Gewohnheit werden lassen** – wie Zähneputzen. Indem wir zum Beispiel jeden Tag versuchen, auch das **Gute und Schöne** um uns herum zu sehen. Wenn ich merke, dass ich wieder einmal eine gewisse Stinkstiefeligkeit an den Tag lege, die mir nicht guttut, dann ist es höchste Eisenbahn, meine Gedanken in positivere Bahnen zu lenken. Das ist meine Pflicht.

In uns drin ist immer ein kleiner **Funke Glück**. Man kann den spüren, wenn man die Augen zumacht und in seinen Bauch hineinfühlt. Probier's mal aus: Da ist ganz tief innen so ein kleines Licht, wie ein Funken. Hast du das gespürt? Den Funken fühlt man dann, wenn man **im Jetzt** ist. Nun fragst du dich bestimmt: „Hä?! Ich bin doch immer im Jetzt, wo soll ich denn sonst sein?“ Da hast du recht, aber irgendwie auch nicht.

Oft sind wir mit unseren Gedanken ganz woanders und kriegen gar nicht mit, was gerade passiert. Die Gedanken sind dann entweder in der **Vergangenheit** oder in der **Zukunft**. Das merkt man zum Beispiel, wenn man einen Kuchen isst und der – zack – weg ist und man ihn gar nicht richtig genossen hat, weil man im Kopf eigentlich bei der bevorstehenden Mathearbeit war, also in der Zukunft. Oder wenn man sich über das Verhalten eines Klassenkameraden zu Hause noch ärgert und sich gar nicht so darüber freuen kann, dass die Lieblingstante heute da ist, weil man in der Vergangenheit ist.

Aber wie können Vergangenheit und Zukunft mal für einen Moment den Schnabel halten? Indem wir gegenwärtig sind. Das klappt super, wenn wir ab und zu in uns reinhören. Probiere das mal aus: Wenn dich etwas beschäftigt, dann mach mal die Augen zu und stell dir folgende Fragen:

Wie fühle ich mich jetzt gerade?

Wo in meinem Körper spüre ich gerade ein Gefühl?

Wie fühlt es sich an? Hat es vielleicht eine Farbe oder Form?

Schon allein dieses kurze In-sich-Reinfühlen sorgt dafür, dass wir uns besser fühlen, und es holt uns in die Gegenwart.

Was auch hilft: eine königliche Faultier-Zeremonie. Zum Beispiel beim Händewaschen. Anstatt die Hände kurz unters Wasser zu halten, um sie danach ratzfatz an deiner Jeans abzuwischen, kannst du daraus eine königliche Faultier-Zeremonie machen. Dabei stellst du eine gute Wassertemperatur ein und genießt es, wie sich das Wasser auf deinen Händen anfühlt. Dann nimmst du ordentlich viel Seife, riechst vielleicht mal dran und wäschst den Schaum nach allen Regeln der Kunst ganz langsam ab und trocknest dir gaaaaanz langsam die Hände. Und tada! Du bist mit deiner Aufmerksamkeit wieder im Jetzt. Gut, gell?! Es lässt sich aus so ziemlich allem eine königliche Faultier-Zeremonie machen.

Das kann man auch mit Dingen machen, die einem nicht so viel Freude bereiten, aber gemacht werden müssen. Dadurch hat man ein bisschen mehr Spaß und hetzt weniger rum.

GURKENGLAS-CHALLENGE

Für diese Challenge brauchen wir ein altes Gurkenglas, einen Zettel und einen Stift.

Du schreibst auf ein Blatt Papier ganz viele kleine Sachen, die dich glücklich machen, schneidest sie aus, faltest die kleinen Zettel zusammen und legst sie in das Einmachglas. Wenn du mal traurig bist, ziehst du aus diesem Glas einen Zettel und machst die kleine, schöne Sache sofort. Hier ein paar Ideen:

ein Comicheft lesen

sich in eine Badewanne mit Blubberblasen legen

Marmeladenbrot mit Banane drauf essen

auf dem Kinderzimmerteppich zu einem Lied tanzen

Lieblingshörbuch hören

mit guter Musik im Ohr einmal um den Block gehen

Oma eine Postkarte schicken

Legoburg bauen

mit jemandem Frisbee spielen

sich eine heiße Schokolade machen

eine Höhle bauen und mit einer Taschenlampe ein Buch lesen

in einem Fotoalbum blättern

ein Mandala ausmalen

Sodele, jetzt hast du es gelesen - mein Herzensbuch. Auch wenn ich in alle meine Bücher bisher verknallt war, so ging mir hier beim Schreiben das Herz so richtig auf. Du, liebe*r Leser*in hast mir super beim Aufräumen geholfen. In der Vergangenheit habe ich mich manchmal ein bisschen verzettelt, zu viele Bücher gleichzeitig gelesen, zu viele Kurse besucht und zu viel Zeit auf Yogamatten verbracht. Ich habe vielen schlauen und manchmal nicht so schlauen Menschen zugehört und gemerkt, dass diese Suche nach dem Glück ganz schön verwirrend sein kann. Als ich dieses Buch geschrieben habe, musste ich mein Wissen auf eine verständliche Art und Weise zusammenfassen. Das hat mir geholfen, meine eigenen Gedanken besser zu sortieren. Dank dir ist es in meinem Kopf jetzt viel aufgeräumter. Gut, gell?

Beim Schreiben habe ich die ganze Zeit an dich gedacht, liebe*r Leser*in. An jemanden, dem ich nur das Allerbeste wünsche, dem ich gut zureden will und der es mal leichter haben soll, als ich es vielleicht hatte. So verrückt das klingen mag, auch wenn wir uns noch nicht begegnet sind, so hatte ich das Gefühl, das Buch für eine*n superliebe*n Freund*in zu schreiben. Das tat gut.

Beim Schreiben wurde mir eine Sache so richtig klar: Dass wir uns immer wieder Mühe geben sollten, den Blick auf das Gute in uns und um uns herum zu lenken – das können wir durch Dankbarkeit, Achtsamkeit und indem wir lieb zu uns sind. Dabei können wir nicht nur unsere Gedanken positiv verändern, sondern auf Dauer auch unser Gehirn, also uns selbst. Danke, dass ich das so deutlich sehen durfte.

DU BIST SUPER!

Deine Tanja

DANKE!

Ein paar wirklich tolle Frauen haben direkt oder indirekt dazu beigetragen, dass ich dieses Buch hier schreiben konnte. Ich möchte mich bei Christine Lederer von KARIBU bedanken, und zwar so richtig. Als ich ihr von meiner Idee erzählt habe, hat sie sofort gesagt: „Das machen wir!" Titel und Inhalt fand sie auf Anhieb super. Danke für deine Unterstützung, das gab mir richtig große Muckis! Außerdem möchte ich mich bei Andrea zum Felde bedanken, der General Managerin von Edel Kids, die schon vor Jahren daran geglaubt hat, dass ich das Zeug zur Kinderbuchautorin habe, noch weit bevor ich das so richtig glauben wollte. Dankbar bin ich auch der Illustratorin Inka Vigh. Als ich das Cover zum ersten Mal in den Fingern hatte, musste ich vor Freude heulen. Auch wenn wir uns bis dahin nicht begegnet sind, so wusste ich, dass wir dieselbe Sprache sprechen. Ich weiß, voll emotional von mir, aber egal. Bei meinen Lektorinnen Rebecca Hirsch und Beatrice Kunkel möchte ich mich auch bedanken. Auch wir sprechen dieselbe Sprache und hatten die ganze Zeit über dasselbe Buch in unseren Köpfen. Das war die einfachste und schönste Zusammenarbeit, die man sich vorstellen kann, ich heul gleich wieder – Danke an euch.

Außerdem möchte ich mich bei Jürgen Brandt von Edel bedanken, der auch in vielem das Gute sieht und mit dem ich vor ein paar Jahren schon mal ein Herzensprojekt realisieren konnte. Auch er hat von Anfang an an dieses Buch geglaubt. Danke dir.

So, und jetzt sind meine lieben Pappenheimer dran:
Ich möchte ich mich bei meinem Mann Herbert bedanken, mit dem ich in der Schreibphase oft über die Themen philosophiert habe, der jeden Text laut vorgelesen und auf seine Verständlichkeit geprüft hat. Er war mein größter Cheerleader und nettester Kritiker. Er verstand es, sein Feedback konstruktiv zu äußern und mir trotzdem das Gefühl zu geben, dass ich da etwas ganz Gutes fabriziert habe. Ich war nicht einmal sauer auf ihn, ich schwör's!

Außerdem möchte ich mich bei meiner Tochter Romy bedanken, die alle Challenges ausprobiert hat und mich inspiriert hat, dieses Buch zu schreiben. Viele der beschriebenen Situationen sind aus ihrem Leben, und ein paar meiner Tricks konnte sie auch schon erfolgreich anwenden. Romy wollte in den letzten Monaten für mich eins: dass ich ein Buch schreibe, das anderen Kindern ein gutes Gefühl gibt. Dafür hat sie auch in Kauf genommen, dass ihre Mama einen Sommer lang oft die Nase im Laptop hatte.

Außerdem möchte ich mich bei meinem Sohn Valentin bedanken, meinem kleinen Lehrmeister. Manchmal reichen wenige Worte, damit man wieder in die richtige Bahn geschubst wird. Seine waren vor einem Jahr: „Langsam, Mama." Das tat erst einmal weh, mir einzugestehen, dass ich oft abgehetzt war und immer einen Schritt weiter sein wollte. Ich hatte ein ganz anderes Tempo als er. Dieser Schubser hat mir geholfen, mein Tempo zu hinterfragen und mehr im Jetzt zu sein. Da möchte ich mit dir öfters sein, da ist es nämlich viel schöner. Zusammen mit dem Buch hat das eine Veränderung in mir ausgelöst, für die ich unfassbar dankbar bin.

© Mathias Vietmeier

TANJA MAIRHOFER

Als Tochter einer Weltenbummlerfamilie wurde Tanja Mairhofer 1976 in Johannesburg, Südafrika, geboren. Aufgewachsen ist sie vorwiegend in Österreich, dort machte sie auch ihren Master in Politikwissenschaften. Zudem ist sie ausgebildete Yoga- und Achtsamkeitstrainerin für Erwachsene und Kinder und gibt deutschlandweit Workshops zu diesem Thema.

Die diplomierte Journalistin und Kommunikationswirtin steht seit über zwei Jahrzehnten als Moderatorin und Schauspielerin (WDR, VIVA, KiKA, ZDF, BR) vor der Kamera und ist festes Ensemblemitglied und Autorin der „Sendung mit dem Elefanten" beim WDR. Sie lebt mit ihrem Mann und ihren beiden Kindern in der Nähe von München.

© Xenia Berg

INKA VIGH

Nach dem Kommunikationsdesign-Studium an der Hochschule RheinMain (BA) in Wiesbaden ist Inka Vigh 2014 bis 2016 über Kalifornien, Beirut und Budapest schließlich in Mainz gelandet. Dort lebt sie mit ihrer Familie und arbeitet als freischaffende Illustratorin. Ob Kulturelles, Soziales oder Kinderbücher – alles wird mit Freude illustriert und wunderschön gemacht!

Und hier kommt die Lösung für die

SPÜRNASEN-CHALLENGE:

1. Fakt
2. Fehlinformation
3. Meinung
4. Fakt
5. Meinung
6. Fehlinformation
7. Fakt
8. Meinung
9. Fehlinformation
10. Fehlinformation
11. Meinung
12. Fakt
13. Fakt
14. Fehlinformation
15. Meinung
16. Fakt
17. Meinung
18. Fakt
19. Fehlinformation
20. Meinung
21. Fehlinformation

KARIBU – Ein Verlag der Edel Verlagsgruppe

1. Auflage 2023

Umschlag- und Innenillustrationen: Inka Vigh
Umschlaggestaltung, Layout & Satz: Inka Vigh

Druck: optimal media GmbH, Röbel
ISBN: 978-3-96129-295-0
Printed in Germany

www.karibubuecher.de